区域绿色创新与
绿色发展效率研究

RESEARCH ON REGIONAL GREEN INNOVATION AND GREEN
DEVELOPMENT EFFICIENCY

吴远卓　林永钦　傅　春◎著

经济管理出版社

ECONOMY & MANAGEMENT PUBLISHING HOUSE

图书在版编目（CIP）数据

区域绿色创新与绿色发展效率研究/吴远卓，林永钦，傅春著 . —北京：经济管理出版社，2022.4

ISBN 978 - 7 - 5096 - 8393 - 4

Ⅰ.①区…　Ⅱ.①吴…　②林…　③傅…　Ⅲ.①绿色经济—区域经济发展—研究—江西　Ⅳ.①F127.56

中国版本图书馆 CIP 数据核字（2022）第 061831 号

组稿编辑：杜　菲
责任编辑：杜　菲
责任印制：黄章平
责任校对：董杉珊

出版发行：经济管理出版社
　　　　　（北京市海淀区北蜂窝 8 号中雅大厦 A 座 11 层　100038）
网　　　址：www. E - mp. com. cn
电　　　话：（010）51915602
印　　　刷：唐山昊达印刷有限公司
经　　　销：新华书店
开　　　本：720mm×1000mm/16
印　　　张：12.5
字　　　数：146 千字
版　　　次：2022 年 4 月第 1 版　　2022 年 4 月第 1 次印刷
书　　　号：ISBN 978 - 7 - 5096 - 8393 - 4
定　　　价：78.00 元

总　序

　　南昌大学是国家"双一流"计划世界一流学科建设高校，是江西省唯一的国家"211工程"重点建设高校，是教育部与江西省部省合建高校，是江西省高水平大学整体建设高校。2014年5月，南昌大学管理学院成立，学院由管理科学与工程、图书情报与档案管理、信息管理与信息系统三个老牌学科组成。管理科学与工程学科，具有从本科专业、一级学科硕士学位授权点到一级学科博士学位授权点、博士后流动站的完整体系，是江西省"十二五"重点学科。因此，在学科建设方面，管理学院在设立之初就奠定了雄厚基础。

　　南昌大学管理学院第一任领导班子中，彭维霞书记雷厉风行，涂国平院长沉着稳重。在他们的带领下，管理学院迈入了发展新征程，在教学、科研、社会服务、人才培养等方面均取得了显著成效。2019年，感谢组织信任、领导推荐和同事支持，本人有幸成为管理学院的第二任院长。感恩于前辈打下的基础，我辈少了筚路蓝缕的艰辛，却多了任重道远的压力；得益于前辈创设的体制，我辈继承了艰苦奋斗与稳健发展的精神，却也感受到了更多对于创新发展的期盼。

　　当前，管理学院存在规模小、底子薄、知名度不高的问题，南昌大学管理科学与工程学科在学科排名中落后于诸多"985"高校的相关学科。为此，本人时常思考如何推动学院奋起直追、实现跨越式发展，颇有心得。

学科建设是学院发展之本。2017年，我国开始统筹推进世界一流大学和一流学科建设，南昌大学仅有1个学科入列。管理科学与工程学科，离"世界一流"这一目标还有遥远距离。但是，"双一流"建设为管理学院管理科学与工程学科的发展指明了方向，也带来了机遇。管理学院的追赶式发展，需要以学科建设为抓手，在学科带头人与学科团队建设、科研平台与教学基地建设、高质量和有特色的学科品牌建设等方面做文章、争成效。

学术研究是学院发展之基。学术研究能力是学科发展的硬实力。在学校排名、学科评估、学术资源配置等方面，学术研究成果一直都是关键业绩指标。全面提升学院教师的学术研究能力、专心打造具有国际和国内影响力的高水平科研成果，是管理学院突破话语权壁垒、实现跨越式发展的战略要点。在学院内培养学术意识、推广研究型文化、引导和激励卓越研究成果的诞生，应该始终作为学院科研管理工作的重心。

人才培养是学院发展之魂。高校，是高级人才培养的重要基地。人才培养，包括学生的培养，也包括学者的培养。大学之魂，不在"大"，而在"学"——学生、学者与学术，共同构成了大学。因此，管理学院的未来发展，既寄托在优秀在校生的培养以及优秀毕业生的回馈之上，也寄托在培育大师、培养国家级与省级拔尖人才、引进具有学术追求和研究能力的青年学者之上。学院是全体师生的学院，需要全体师生的共同努力，也希望能够成为全体师生共同成长的沃土。

　　思想宣传是学院发展之路。南昌大学管理学院一直都在"默默无闻"地发展。然而，作为哲学社会科学的一员，管理学科也理应承担反映民族思维、发扬精神品格、宣传思想文化、服务国家智库、繁荣社会发展的使命。很多高校的经济与管理学院之所以能在学校发展中举足轻重，也正是因为占领了思想宣传和服务社会的高地。南昌大学管理学院，需要领会习近平主席在哲学社会科学工作座谈会上的讲话精神，加强和改进宣传思想文化工作，全心培养"文化名家"、"四个一批"人才和"宣传思想文化青年英才"，在思想宣传和社会服务方面勇创佳绩。

　　品牌塑造是学院发展之志。高校之间的竞争，不亚于企业竞争，品牌塑造同样是高校之间竞争制胜的重要法宝。南昌大学管理学院，急需在人才培养、学术研究、社会服务等方面提升能力、培育优势、凝练特色、塑造品牌，走差异化发展道路，才有可能"弯道超车"，实现跨越。加强品牌塑造，既需要高水平学术研究成果和大师级学者等硬实力作为支撑，也需要特色、文化、制度改革等方面的软实力提供支持。

　　正是基于上述考虑，本人在担任管理学院院长之后，开始着手规划和布局，而这套"南昌大学管理科学与工程博士点学术研究丛书"的组织出版，正是学院围绕学科建设、学术研究、人才培养、思想宣传和品牌塑造等目标而实施的一项集体行动。希望能通过丛书出版，加强南昌大学管理学院的学术传播与品牌推广，激励管理学院全体教师的学术研究与成果发表，为南昌大学管理科学与工程学科的建设做出贡献。

　　在此，感谢南昌大学对管理学院发展的重视，并将管理科学与工程博士点列入学校学科建设的支持项目，学校的经费支持资助了本套丛书的出版；感谢管理科学与工程系师生的辛勤工作与创造性努力，本套丛书所发表的研究成果都是他们学术探索的劳动结晶，是他们的工作促成了本套丛书的顺利出版。

本套丛书包括 15 本学术专著。它们可以归纳为科技创新与知识管理、农业经济与生态管理、系统动力学、物流与供应链管理、政府政策与社会管理 5 个方向。

科技创新与知识管理方向，包括喻登科教授的《科技成果转化知识管理绩效评价研究》、《知性管理：逻辑与理论》，陈华教授的《科技型中小企业协同创新策略研究》，薄秋实副教授的《协同创新的组织模块化过程和创新模式研究》以及余伟副教授的《企业开放式创新的形成机理》。

农业经济与生态管理方向，包括徐兵教授的《中部地区农村经济系统重构——城乡协调发展下的研究》，傅春教授的《区域绿色创新与绿色发展效率研究》，毛燕玲教授的《非营利性农村基础设施融资机制》以及邓群钊教授的《基于承载力的排污权组合分配研究》。

系统动力学方向，包括刘静华教授的《农业系统动力学》和祝琴教授的《系统动力学建模与反馈环分析理论与应用研究》。

物流与供应链管理方向，包括徐兵教授的《农产品供应链运作与决策——基于 PYO 模式的研究》以及谢江林副教授的《资金约束供应链系统分析与决策》。

政府政策与社会管理方向，包括石俊博士的《政府财政支出与经济高质量发展》和曹开颖副教授的《再制造背景下政府政策与企业以旧换新策略研究》。

这 5 个方向基本囊括了南昌大学管理学院管理科学与工程学科的主要研究领域。我们在硕士与博士的招生与培养、学术团队与学科建设等方面，都主要是从这几个研究方向加以推进。其中，系统工程与系统动力学是南昌大学管理科学与工程学科的特色方向。

  欢迎对这些研究方向感兴趣的学者与同行来南昌大学管理学院交流，欢迎对相关领域有需求的企业提供合作机会，欢迎在这些研究方向有发展潜力的青年博士能加入我们的研究队伍，欢迎有志于从事这些方向研究的同学能够报考南昌大学管理科学与工程专业的硕士与博士。南昌大学管理学院将始终秉承开放创新的理念，欢迎你们的交流与指导，也接受你们的批评与指正。

  正因为有你们的支持，我相信，南昌大学管理学院会越办越好。

南昌大学管理学院院长

2020 年 4 月 20 日

目　录

第一章
绿色发展的研究背景与进展

一、引言

　　绿色发展是一种经济增长和社会发展方式，重点是实现经济发展与环境友好之间的良性循环，本质是反映经济发展与环境保护的协调程度。OECD对绿色发展的内涵做出了明确的概括，即"在保持经济增长和发展的同时，确保生态环境不遭受破坏"等。绿色发展需要绿色创新技术的支持，绿色技术包括降低污染、循环利用、环境友好、环境评估等技术，与传统技术创新相比，绿色技术同时有利于经济发展与环境保护。

　　党的十九大报告指出，我国经济正处于由高速增长转向高质量发展的关键阶段。推动绿色创新的发展模式既能促进经济的增长与生态保护的协调发展，又能大幅度减少资源和能源损耗，降低由发展对环境造成的负面影响，故绿色创新发展是一条实现我国经济社会高质量发展的必由之路。

创新具有明显的区域特征，区域是重要的经济与分工的主体和推动地区创新水平提升的重要平台。一个国家或地区的绿色发展离不开科技创新，这早已成为全世界的广泛共识。由于世界经济形势错综复杂，中国面临着巨大的经济下行压力，创新已然成为推动社会进步的重要因素。因此，无论对于国家还是地区的长久发展，科技创新的作用都将越来越明显。为了解决日益严重的环境问题，中国政府采取了一系列环境规制措施提升地区绿色竞争力。环境规制是环境保护的重要手段，是指国家依据法律制度限制环境污染行为和改善环境质量的行为规范和政策的总和。各国都努力制定因地制宜的环境政策以提高绿色创新能力，但是两者之间的关系至今没有明确的定论，有学者认为环境政策会导致中国工业化速度下降，从而抑制创新。上述担心并非没有理论基础，在严格的环境政策下企业的产业竞争力会下降，企业在政策的高压下为了减少研发投入会采取停工减产等措施。那么对于中国而言，未来中国应该如何协调经济发展与生态环境保护之间的关系？科技创新对地区绿色发展的作用与贡献如何？中国各地区的绿色技术创新现状如何？实行环境规制政策对地区的绿色创新有促进作用还是会抑制地区的绿色创新活力？绿色创新效率是否具有空间效应？这些问题都值得学术界和管理部门研究和探索。

本书从各省份的现状出发，运用随机前沿分析效率评价模型对全国30个省份的绿色创新效率进行探讨，并运用动态空间杜宾模型分析环境规制对绿色创新效率的影响以及存在的空间异质性，从全国层面分析当前绿色发展格局特征，研究如何通过科技创新驱动绿色发展成为实现经济转型、提高发展质量的关键因素。将科技创新活动细分为两阶段，分别研究了区域科技创新两阶段效率以及绿色发展效率的时空演变特征，并检验科技创新两阶段效率对区域绿色发展的驱动作用。最后提出相应的政策建议，为区域绿色创发展提供理论指导和实践借鉴。

二、国内外研究现状[①]

（一）绿色发展的概念探讨

绿色发展由"绿色经济"衍生而来，国外是在批判传统发展模式的基础上逐渐形成绿色发展相关概念，目前为止还未形成统一的观点。"绿色经济"一词最早由英国环境经济学家 David Pearce 在其著作《绿色经济蓝图》中提出，Pearce 等（1989）认为绿色经济不会因人类盲目追求经济增长而致使生态危机和社会分裂，也不会因自然资源耗竭而导致经济社会的不可持续发展，绿色经济表现为环境、社会和经济三者协调统一。联合国环境规划署（2016）将绿色经济定义为一种提高人类福祉和社会公平，并显著降低环境风险和生态稀缺性的环境经济。Ehresman（2015）认为绿色经济可从多种角度进行解释，并从环境正义的角度对绿色经济的概念进行整合。McAfee 等（2016）认为绿色

---

① 节选自：王娟. 环境规制对绿色创新效率的影响空间分异研究［D］. 南昌大学硕士学位论文，2021. 欧阳环蕤. 中国绿色发展格局特征及其创新驱动作用研究［D］. 南昌大学硕士学位论文，2020.

经济是通过经济理性和市场机制来消除全球化资本主义对生态环境破坏性影响的一种发展模式，依靠这种模式将促进全球与环境衰退脱钩的经济增长。

诸多国内学者对绿色发展的有关概念也作了探讨。曲格平（1992）在《中国环境与发展》一书中将绿色发展定义为是以生态环境容量、资源承载能力为前提，围绕人的全面发展，以实现自然资源持续利用、生态环境持续改善、生活质量持续提高和经济持续发展的一种经济发展形态。马平川等（2011）认为绿色发展是指在应对国际金融危机、全球气候变化以及资源耗竭环境污染等问题时，通过提高科学技术水平、优化产业结构实现的低碳高效可持续发展，能够达到较高的产业资源效率。俞海（2011）将绿色发展解释为"发展的绿色化"，认为既要经济发展又要保护生态自然环境不受破坏。王玲玲和张艳国（2012）认为绿色发展是一个系统概念，由环境发展、经济发展、政治发展、文化发展等既相互独立又相互依存、相互作用的诸多子系统构成。胡鞍钢和周绍杰（2014）强调绿色发展是经济、社会和生态三大系统的整体协调，认为绿色发展观就是第二代可持续发展观。潘家华（2015）认为绿色发展就是生产生活方式的绿色化。赵峥和刘杨（2016）指出绿色发展的核心是将资源环境作为内生增长要素，通过经济转型实现高效高质发展，提升绿色发展能力可以促进社会协调及可持续发展。邹巅和廖小平（2017）将绿色发展定义为绿色和发展内在融合的一种可持续发展方式。何爱平和安梦天（2018）通过深入研究习近平绿色发展思想的科学内涵，指出绿色发展是在强调经济发展的同时实现资源节约、环境友好的一种发展模式，通过利用新能源、技术进步、循环利用来解决资源环境约束问题。归纳起来，各位学者对绿色发展概念的探讨均以自然资源综合利用、生态环境友好、可持续发展思想为基础，认为绿色发展是以资源节约、环境保护为特征的经济发展模式。

（二）绿色创新的内涵讨论

绿色创新又称"生态创新"或"环境创新"，1994 年绿色创新概念首次被引入中国，引起广大学者的广泛关注与研究。从广义上讲，绿色创新既要具备创新的特质，又要有利于环境保护与资源节约的特质。国外学者 Beise 和 Rennings（2005）把绿色创新定义为：为了减少环境影响而采用新的技术和方法。由于国内外学者的研究角度不同，目前学术界对绿色创新的概念还未形成统一定义。例如，有学者定义绿色创新为企业经营过程中将生态技术在管理或者生产中的充分利用。Bulent 和 S. Y. A. B.（2013）将绿色创新归为生态产品创新、生态过程创新和绿色管理创新三类。中国关于绿色创新的研究虽然晚于国外，但是近年来也取得了较多的研究成果。隋俊等（2015）将生态创新定义为内部生态创新和外部生态创新。内部生态创新系统是组织内部管理过程所包含的组织结构、生产工艺、产品研发。外部生态创新则指组织内部管理以外的全部绿色活动，其中包括政府调控、供货商、消费者需求等。李斌和曹万林（2017）认为所有有利于经济与环境协调发展的创新都是生态创新。汪明月和李颖明（2021）认为可以通过判断技术对生态的影响是否是正向的，从而判定技术的属性。通过归纳总结，可将绿色创新分为三类，如表 1.1 所示。

第一类是指能源节约型。具体表现形式为以效率和收益的提升为目标，在提升效率的同时减少能源消耗，从而间接减少对环境的破坏。第二类是环境效益型。即主动追求高的环境效益。在创新的过程中除追求技术的溢出效应外，同时关注环境效益，因

表 1.1　绿色创新类型分类

创新类型	创新动机	创新过程	创新效果
能源节约型	无意识	溢出外部效应	能源节约
环境效益型	有意识	溢出外部效应和环境外部效应	环境效益
节约效益型	无意识 + 有意识	溢出效应/溢出和环境外部效应	能源节约/环境效益

此具有双重外部性。第二类是降低经济发展带来的环境负面效应。第三类是节约效益型，第一类创新与第二类创新的集合，即将有意识和无意识相结合，在创新的过程中通过环境规制等手段在降低能耗的同时提升环境效益。综上所述，与上述绿色发展的概念有所区别的是，绿色创新更强调通过创新行为达到资源节约和环境保护的目的，采用技术手段实现资源的循环利用。

（三）绿色发展效率的相关研究

1. 绿色发展效率的测度评价

绿色发展测度评价就是将资源与环境约束同时引入经济效率的评价中，以效率或综合指数的形式来量化绿色发展水平。国内外学者对绿色发展测度评价的研究主要从四个方面展开。

（1）评价指标。国内外学者关于绿色发展评价体系的构建主要体现在宏观经济、生态环境、生活质量和资源能源等方面。德国根据环境的压力—状态—反应结构构建了环境经济核算体系（GEEA）。联合国环境规划署从资源效率、经济转型、人类福祉三方面出发，构建了绿色经济评价体系。国家发改委、国家统计局、环境保护部和中央组织部共同制定了《绿色发展指标体系》，其中包含资源利用指数、环境治理指数、环境质量指数、生态保护指数、增长质量指数和绿色生活指数 6 个大分类共 55 个客观指标，并明确标明了各指标的权重及计算公式。田泽等（2018）从产业绿色增长度、资源环境承载力和政府政策支撑力三个方面构建指标体系。高红贵和赵路（2019）采用动态因子分析法从产业转型升级、自主创新能力、资源利用效率以及环境保护四个层面构建产业绿色发展水平测度评价指标体系。还有一些学者从投入产出角度构建评价指标体系来计算相应的效率值，如赵领娣等（2016）选取资本（资本存量）、劳动力（年末就业人数）与能源（一次能源消费量）作为三种投入指标，将期望产出（GDP）和非期望产出（二氧化碳、工业"三废"）作为产出指标；又如赵金凯和杨万平（2017）将物质资本（固定资本形成总额）、人力资本（就业人数与平均受教育年限乘积）、能源消耗（煤炭、石油、天然气、水电）和环境损耗（二氧化硫排放量、二氧化碳排放量、固体废弃物排放量、烟粉尘排放量、废水排放量、生活垃圾清运量、化肥施用量等方面测算出的综合指数）作为投入指标，将国内生产总值作为产出指标。

（2）研究方法。主要有数据包络分析法、全要素生产率法、生态足迹法以及通过构建指标体系赋权计算得到综合指数的方法。Farrell（1957）最早提出运用投入和产出模型来测算生产效率，随后很多学者都将资源环境约束考虑到绿色发展效率的计算中。Ramanathan（2006）将 GDP 和碳排放量作为产出指标，并将非化石能源的消耗纳入投入指标，采用 DEA 模型对发展效率进行测算并分析。Yang 等（2015）采用超效率 DEA 模型及 Malmquist 指数对中国各省区市的绿色发展效率进行研究。杨志江和文超祥（2017）运用基于跨期生产前沿的 SBM - DEA 模型对中国省际绿色发展效率的演变特征进行分析，并对其收敛性进行检验。陈诗一（2010）运用 SBM 方向距离函数与 Malmquist -

Luenberger 生产率指标测算出中国工业环境全要素生产率。季丹（2013）通过引入生态足迹方法，建立区域生态效率测度模型（区域生态效率＝区域 GDP／区域生态足迹），分析了中国 30 个地区的生态效率。史丹和王俊杰（2016）采用生态足迹法对中国生态压力与生态效率进行评价。苏利阳等（2013）采取专家打分法对所构建的工业绿色发展指标进行赋权，而后测算出工业绿色发展绩效指数。于成学和葛仁东（2015）在构建了资源开发利用对辽宁省绿色发展的影响评价模型的基础上，运用熵权法对指标赋权，从而计算出辽宁省绿色发展水平指数。

（3）研究区域。主要包括国家、省域、市域、县域等不同区域尺度。Moutinho 等（2017）评价分析了欧洲 26 个国家的生态效率。刘杨等（2019）以全国 19 个城市群为研究对象，分别从时间和空间维度分析城市群绿色发展效率，并归纳总结城市群绿色发展形态。车磊等（2018）对中国 30 个省区市的绿色发展效率进行测度，并分析其空间特征及溢出效应。刘习平和管可（2018）以湖北长江经济带各城市为研究对象，测算其绿色发展效率，并分析其演化趋势和特征。周新凯（2018）测算了渝东北地区 11 个区县的经济绿色发展效率并进行评价分析。

（4）研究产业。已有文献中对第一、第二、第三产业的研究都颇为丰富。魏琦等（2018）从资源节约、环境友好、生态保育和质量高效四个方面建立指标体系，评估了中国各省区市的农业绿色发展水平。Monastyrenko（2017）研究了欧洲电力行业生态效率，并分析了并购重组对欧洲电力行业生态效率的影响。陈瑶（2018）测算了中国工业绿色发展全要素生产率及全要素增长率，并构建计量模型分析中国工业绿色发展效率的影响因素。黄建欢等（2014）从金融角度测算中国 31 个省区市的生态效率，并分析了区域绿色金融空间溢出效应。

2. 绿色发展的影响因素研究

随着绿色发展研究内容的不断拓宽，绿色发展影响因素方面的研究成果不断丰富。学者对绿色发展影响因素研究可从两方面进行概括。

（1）研究方法。以构建计量模型为主，通常有面板 Tobit 回归模型、Bootstrap 截断回归模型、空间杜宾模型以及 GMM 估计等方法。周小琴（2017）在测度中部六省绿色发展效率后，通过建立面板 Tobit 回归模型，对绿色发展效率的影响因素进行分析，并针对分析结果对中部六省绿色产业发展路径展开探讨。王兵等（2014）考虑到序列相关问题，采用 Bootstrap 截断回归模型对城镇化以及其他控制变量对中国环保重点城市绿色发展效率的影响进行实证分析。林晓等（2017）运用 SBM - Undesirable 模型对 2003~2014 年辽宁省 14 个城市的绿色经济效率进行测度分析后，运用空间杜宾模型探究绿色经济效率的影响因素的空间溢出效应和传导机制。徐成龙和庄贵阳（2018）运用动态面板的系统 GMM 估计方法，从六大方面构建供给侧结构性改革驱动工业绿色发展的计量模型，对驱动中国工业绿色发展的动力机制进行分析。

（2）影响因素选取。学者们根据研究内容选取不同的解释变量与控制变量。赵峥和刘杨（2016）发现城市化水平与丝绸之路经济带各省区内部城市绿色经济增长效率呈 U 形关系，工业集聚、经济发展水平与其呈显著正相关关系，政府环境规制、城市人口密度与其呈显著负相关关系，外商直接投资和城市人力资本水平与城市绿色经济增长效率间的关系不显著。闫怡然等（2017）采用 D - K 标准误回归模型对中国 280 个城市的经济效率时空分异影响因素进行分析，估计结果表明城市规模、投资强度、融资能力、创新投入、区域联系、经济外向度等系数均显著为正，并指出地理区位差异是导致城市经济效率差异的客观因素，要素禀赋、原有基础是初始因素，投资强度、创新投入等是直接因素。郭付友等（2018）采用地理探测器分析法从经济、产业、社会、投资、科学技术以及环境保护等方面对东北限制开发区绿色发展影响因素进行探究，结果表明绿色发展会受到多方面因素交互作用的影响，其中经济发展水平、消费市场活跃程度、投资强度以及发展模式对绿色发展具有显著影响。何爱平和安梦天（2019）通过构建动态面板 GMM 模型实证检验地方政府竞争、环境规制与绿色发展效率的关系，结果显示地方政府竞争对绿色发展效率呈显著负相关，环境规制对绿色发展效率的影响呈显著正相关，地方政府与环境规制的交互项对绿色发展效率的影响呈显著负相关。张泽义和罗雪华（2019）运用拓展后的 STIR-PAT 模型进行实证分析，结果表明城市规模对绿色发展效率的影响呈非线性倒 U 形关系，再进一步采用面板门槛模型对非线性影响进行探究，结果显示城市规模对绿色发展效率的影响随着规模的上升呈现显著的区间效应。

（四）绿色创新效率的相关研究

1. 绿色创新效率的测度研究

绿色创新效率是在绿色发展的视角下创新投入与产出的比率，国内外许多学者却采用绿色创新效率衡量绿色创新水平。在研究方法方面同绿色发展的测度研究基本一致，主要分为参数工具和非参数工具两大类，即基于生产函数的随机前沿模型和数据包络分析（DEA）。

（1）研究对象。全炯振（2009）将 SFA - Malmquist 生产率指数模型运用在农业生产研究中，测算出中国各省份农业全要素生产率的波动；顾乃华（2010）利用 SFA 对服务业与盈利能力之间的关系进行研究。张峰等（2019）将绿色创新效率分为三个阶段，并利用 SFA 测算各地区制造业的绿色技术效率。李晓阳等（2018）采用三阶段 SBM - DEA 方法评价和分析了中国各省份的工业绿色创新效率。综上而言，目前中国对绿色创新效率的测度研究主要集中在工业、医药和制造业。

（2）研究内容。相比较而言，国外学者侧重科技创新研究，而国内学者侧重绿色创新研究。国外学者最早提出经济绩效包含技术和配置效率。技术效率的含义是在投入一定的情况下得到的最大产出，效率值等于实际产出与最优产出的比值。而配置效率是指在一定的价格水平下可以达到的最佳资源组合的能力，一般用投入要素的最小成本与实际成本的比值来反映。Eitanm Renana（2019）等也认为科技效率可以用于衡量创新水平。在实证研究方面，Korhonen 和 Cherchye 等（2002）利用实证研究的方法对荷兰的创新效率展开探索；Fuentescd（2012）也从不同的角度研究协调创新以及创新效率的测算。国内关于绿色创新效率的研究主要集中于对绿色创新效率的测度研究。例如，任耀等（2014）通过改进的 DEA 模型测算绿色技术效率，并对造成地区水平差异的原因展开分析。曾冰（2018）利用同样的方法测算中国各省市的绿色创新效率，并基于实证分析模型测算生态创新的空间效应。李诗琪和杨晨（2018）采用 SBM - Windows 模型测算中国 30 个省份 2005~2015 年的绿色创新效率，并利用实证模型分析金融发展与绿色创新效率的关系。曾刚等（2021）通过对中国 115 个城市的生态创新效率进行测算，研究了生态创新对产业结构的影响。葛世帅等（2021）通过实证研究的方法基于绿色创新对长江城市群绿色创新能力进行测算与研究。

2. 绿色创新效率的影响因素研究

国内外学者普遍认为绿色创新同时受到外部因素与内部因素的影响，其中外部因素是指环境规制政策与市场因素。但是，外国学者 Horbach（2006）认为市场对企业的生态创新的推动力是有限的，只有在政府政策的激励下，企业才会努力展开绿色创新。这一观点得到了众多学者的支持：仇定三等（2018）认为当企业缺乏创新动力时，政府通常会通过实行环境规制激励企业创新。Oltra 和 Jean（2009）则认为环境政策和技术进步是激励企业的关键。Demirel 和 Kesidou（2011）以英国为研究对象，最终得出不同的创新类型受环境规制的影响有所不同的结论。李婉红等（2013）通过分行业研究环境政策对污染密集型企业的绿色创新的影响，得出严格的环境规制对高污染企业的绿色创新有显著的正向影响的结论，但是同时也提出，当不考虑行业规模和创新人力资源规模时，环境规制则对绿色创新有显著的副作用，验证了"不完全环境规制"现象的存在。李怡娜（2011）以珠三角的制造业企业为研究对象，探讨绿色创新效率的规律，并得出环境规制对激励企业创新有着重要的推动作用的结论；近年来，逐渐有学者采用准自然实验的方法对政策与绿色创新的关系展开研究。张冬洋（2020）利用上市公司的数据，采用三重差分的方法研究政策对企业产业结构调整之间的关系。李青原和肖泽华（2020）通过研究排污费政策对 A 股上市企业中重污染行业绿色创新的倒逼效应。廖文龙等（2020）通过双重差分法探讨中国地区碳排放交易政策与绿色经济增长的关系。然而，有研究表明在政策初期政府的环境规制政策会增加企业的经营成本，从而减少企业的经营利润，当企业的绿色创新发展到一定的阶段之后，政府资助则会降低其余的资源配置效率，从而降低企业的内部资金对绿色创新的促进作用。

除政策因素外，也有学者从市场的角度研究绿色创新效率的影响因素，即市场需求和利益相关者。在市场需求方面，Wanger（2008）通过大量的调研发现消费者的需求对绿色创新有积极的推动作用。王炳成等（2009）通过分行业研究市场对绿色创新的影响，最终得出需求对绿色技术水平有正向影响的结论。杨朝均等（2018）以中国 30 个地区为研究样本，探讨绿色创新效率的异质性特征，结果表明整体上内、外部需求的上升对绿色创新有明显的促进作用，但是分地区来看，内部需求的提升有利于地区绿色创新水平的提升，而外部需求对绿色创新的作用则明显不同。在利益相关者方面，Eiadat 等（2008）认为企业在展开绿色创新活动时会关注利益相关者的变化，施建军等（2012）通过案例分析法对利益相关者与绿色创新之间的关系展开研究，并基于此补充了边缘利益相关者管理理论。Olson（2013）通过实证研究的方法对利益相关者与绿色创新的关系展开研究，最终得出利益相关者会对绿色创新产生显著影响。随着研究的不断深入，关于绿色创新外部影响因素的研究也更加丰富，如国家竞争环境、信息共享、外商投资、跨国公司行为、产业集聚等都将影响绿色创新的发展。关于内部影响因素的研究多从企业视角出发，但从地区分析绿色创新效率的研究也比较广泛。Lee 和 Park（2005）研究了中国、新加坡和日本三个国家的创新效率，认为三国的绿色创新效率有明显的不同，并对造成差异的原因展开探究。Kortelainen（2008）、Cuan 和 Zuo（2014）通过数据包络分析法分析不同国家的绿色创新效率，并对其影响因素展开分析。

三、绿色创新的理论基础

（一）绿色发展效率与绿色创新效率

1. 绿色发展效率

绿色发展是以经济、社会、自然和谐统一为价值取向的发展模式，追求资源节约、环境友好的高质量经济发展。当前，绿色发展作为一种发展战略和发展道路，已成为许多地区经济转型的方向标，得到各个领域越来越多人的认可和支持。考虑到不同国家或地区在绿色发展方面存在一定差异，为衡量国家绿色发展能力和区域绿色竞争力，绿色发展效率概念应运而生。绿色发展效率是指在考虑自然资源成本和生态环境代价的条件下社会经济的运行效率，表现为要素投入与收益产出之间的对比关系，是实际产量和理想最优产量的距离，即实际产量到生产前沿的距离，它能够综合反映一个国家或地区的经济绩效和环境绩效水平。绿色发展效率水平高说明该单元在一定环境水平和资源要素投入条件下的经济产出实现最大化，或者在一定经济产出条件下的环境和资源投入实现最小化，反之，则说明该单元在投入产出过程中存在投入冗余或产出不足。

2. 绿色创新效率

OECD（2005）将创新定义为能够使产品达到新的高度的过程，是一种新的营销方法或组织方法，并将创新分为产品创新、过程创新、组织创新和市场创新四类。Cumming（1998）认为对于一个公司来说，第一次成功应用一个产品的过程即为创新。

　　绿色创新属于创新的一种，是指人类生存环境的可持续性与自然资源的最佳利用的创新类型。绿色创新在不同的文献中又被称为生态创新、环境创新或可持续创新等，其目标是减少污染、提高能源生产率、减少浪费并用可持续资源替代有限资源和循环利用。随着环保和绿色发展理念的盛行以及环境法律法规的实施，现今绿色创新已成为国家或地区实现绿色发展的重要战略工具之一。

　　"效率"由考夫曼提出，后来熊彼特将之与创新的概念融合，创新效率由此产生。创新效率是指在创新活动中，创新投入和创新产出的比例。与传统的创新效率不同的是绿色创新效率包含了环境要素。不同学者在对绿色创新效率进行评价时，通常是在创新效率的基础上加入了环境因素来表示"绿色"。绿色创新效率、绿色全要素生产率与创新效率的概念密切相关的同时又存在较大差异性，与绿色全要素生产率不同的是绿色创新效率不仅考虑了能源、污染等环境要素，还考虑了科技投入与科技产出，与创新效率不同的是绿色创新效率在考虑了科技的同时还考虑了环境要素，与绿色全要素生产率和创新效率相比，绿色创新效率更能有效地衡量绿色创新水平。绿色创新效率的核心是"创新"，"绿色"是方式，"效率"是追求的结果。"绿色"赋予了创新效率环境因素。因此，本书的绿色创新效率包含环境要素的地区创新投入与产出的比率。

（二）绿色发展与绿色创新相关理论

1. 创新理论

奥地利经济学家熊彼特在 1912 年首次于其著作《经济发展

理论》中提出创新这一概念。熊彼特从生产的角度论述创新，即是将从未组合过的生产要素结合相应的生产条件整合成为新的生产方式。而这些新的生产方式的出现就是一个企业发展壮大的过程。对于企业来说，作为创新的主体，其领导者——企业家之所以能够成为企业家，是源于其所具有的创新精神和独到的战略眼光，并能据此选择不同的要素组合成新的生产体系。基于此，我们可以推断一个国家或地区的经济发展水平在很大程度上就是由该国或地区企业家的数量所决定的。同时，也是由于众多企业家相互创新模仿，使得在各自的生产中不断出现新的组合，其带来的创新才推动了经济的可持续发展。之后，他又对创新作了进一步阐述，认为创新一定会带来经济效益。

在熊彼特的创新理论中，创新包括五种基本形式，分别是产品创新、市场创新、技术创新、资源配置创新、制度创新。企业家这一角色在熊彼特的创新理论中处于至关重要的地位，他指出技术是经济增长的推动力，创新要企业家实现，企业家通过组合和利用生产要素提升效率，生产出与其他企业不同的产品，进而得到利润。根据上述熊彼特的创新观点形成了熊彼特创新模型I，如图1.1所示。

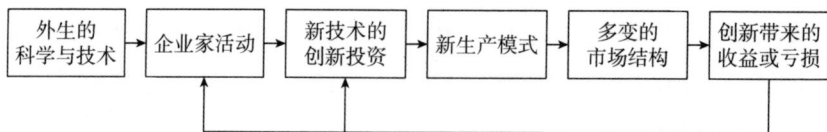

图1.1 熊彼特创新模型I

熊彼特创新模型II则强调了垄断在创新中的作用，该模型认为垄断是创新活动的基础，高度集中的市场有利于企业的创新研发行为。创新作为一项充满各种不确定性的高风险活动，一个企业如果没有资源、财力等承担创新失败而带来风险的能力时，创新则会失去吸引力。因此，相比中小型企业，大型企业的企业家拥有承担风险的经济实力，他们可以为了追求垄断利润而不断地进行创新，从而让竞争发展为垄断。熊彼特创新模型Ⅱ如图1.2所示。

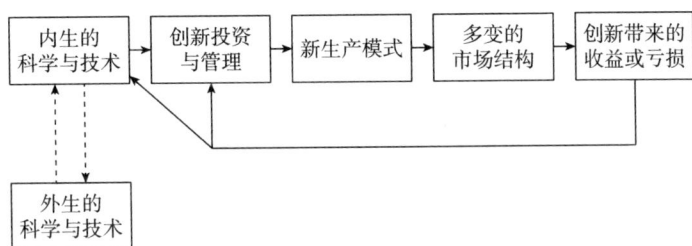

图1.2　熊彼特创新模型Ⅱ

2. 创新系统理论

自创新理论被提出之后，国内外众多学者对创新展开了全面而深入的探究。其中就有部分学者将创新理论和系统学理论相结合，形成了一种新的理论——创新系统理论。系统学是基于系统行为与内在机制之间的紧密联系，然后通过数学建模去解决问题的理论。而创新就是一个复杂的、动态的网络系统，由多个主体和要素交互作用而成。在此系统中，不同要素间相互联系、相互作用。因此，创新系统方法从系统的角度出发研究分析创新行为是将创新研究上升到新的高度，使得对创新行为形成更为深刻的阐述。创新系统理论可以分为国家创新系统和区域创新系统两个流派。

（1）国家创新系统。"国家创新系统"一词最早可以追溯到

Freeman，他认为各种公共和私人组织构成了国家创新系统，创新是交互的过程，而不是简单的科技研发投入产出结果。之后，学术界便掀起了一场对于创新系统的研究新浪潮。根据研究角度不同，国家创新系统理论研究大致可分为三个学派。第一个为宏观学派。其代表者便是 Freeman（1988），他将国家创新系统定义为政府、教育与培训机构、企业和产业等公共或私人部门组织形成的一个网络系统，这些不同的组织形式相互作用促进技术的启发、引进、改造和扩散，进而促进国家创新能力的提升。第二个为微观学派。以 Lundval 和 Christensen（1999）为代表的研究者从微观角度探究了国家创新系统，指出国家创新系统是知识创造、应用和传播过程中各种要素的相互作用。国家经济发展的关键问题在于生产者和消费者的关系，二者决定了市场的组织性和创新形式，而他们的关系是由国家资源禀赋、社会政策所决定的。第三个为国际派。Pavitt 和 Patel 基于当前经济全球化的发展趋势，将微观运行机制和宏观调控效应结合，提出国家创新系统是由制度、激励方式和竞争力组成的。这些制度、激励方式和竞争力的相互作用将影响国家核心技术的创新方向和速率，企业的成功创新能显著提升国家创新系统的竞争力。OECD（经济合作与发展组织）在其发布的国家创新系统专题报告中指出，不同部门之间的技术创新和交互网络管理对于国家科研和知识的创新能力具有决定性作用。在国际上创新联系越紧密，国家的创新产出就会越多。

（2）区域创新系统。随着经济一体化进程的不断加快，全球逐渐形成了以区域化经济组织为中心的世界经济格局。区域的创新能力将在很大程度上决定国家的创新能力。为了更好地研究创新系统，研究者开始从区域层面研究创新系统的内涵和运行特征。Cooke 等（1998）率先研究分析了区域绿色系统理论，并在其《区域创新网络：新欧洲的竞争性管制》一文中首次提出了区域创新系统概念。他将区域创新系统定义为一种在空间上邻近的，由高校、科研机构、企业和金融部门构成的组织体系。该系统内部各主体之间紧密联系、相互合作，有利于区域创新的产生和发展。Autio 和 Yli－Renko（1998）指出区域创新系统是集合了同一背景下相互作用的子系统的社会系统。系统内部结构和各要素之间的作用有助于知识在各子系统之间的流转。

国内对于区域创新系统的研究大多认为，区域创新系统是国家创新系统的重要组成部分，由相互作用、相互促进的政府、高校、科研院所、中介组织和企业构成的创新空间网络。有些学者将区域创新系统概括为在一定的空间范围内，能推动技术创新的机构组织、生产要素和协调生产要素和创新主体关系的政策制度、组织网络的有机集合体。邹再进（2006）从行政规划角度定义区域创新系统，认为区域创新系统是行政区域内各类创新主体和制度政策构成的网络系统。

依据创新资源的利用方式和企业的交互性，国内外学者将区域创新系统理论分为三螺旋模型、企业群模型和网络模型三种。

分析大学、政府和商业三者关系的三螺旋模型认为区域创新系统是由三种要素缠绕在一起形成的螺旋状联系结构。该理论的核心观点为高校、产业界和政府的合作联系能够打破传统的边界，将知识领域、行政领域和生产领域合而为一，推进知识的创造应用、传播、产业化和升级，促进区域创新系统在各方相互作用的过程中螺旋上升。

企业群理论是指在某一特定区域内，许多密切相关的企业逐渐聚集发展，形成强大、不断竞争优势的现象。企业群是多要素、多主体、多种关系构成的集合体，有利于区域内各要素的充分结合，从而促进集群内部创新主体的合作交流，提升区域创新绩效。

区域创新网络，也称区域创新环境，这一概念最早源于《网络与全球化》一书中对于网络的阐述。在区域创新网络的定义上，学术界有两种说法，狭义上的区域网络创新是指企业根据发展需求，有针对性地选择与一些企业或机构形成"长期稳定的合作关系"。例如，合资企业、战略联盟等，而广义上，则还包含创新主体之间在长期合作中进行的非正式交流。区域创新网络认为地方政府、企业、大学、科研院所、中介结构等组织和个人通过构成创新网络，有助于企业交易成本降低、创新文化氛围建立、知识信息共享、专业人才培养和技术产品交叉繁殖，推动企业的技术创新发展，从而增强区域的创新能力和竞争优势。

创新系统理论给本书的启示在于绿色创新效率不仅与创新行为组织（政府、高校、科研结构和企业）息息相关，还受创新环境的影响，即政策制度、基础设施建设、创新资源和社会文化等。本书所分析的绿色创新效率是以绿色创新系统中的人力、资金和资源作为投入要素，将综合能耗产出率、新产品销售收入和"三废"污染综合指数作为产出效益，测算我国及各省份的绿色创新效率，并对效率差异性的原因进行探究，包括政府政策、信息基础设施、创新资源等。

3. 资源与环境经济学理论

资源与环境经济学是研究自然资源及环境与经济发展之间相互关系的一门交叉学科，也是经济学的一个分支。该学科通过运用经济学中的以及针对自然资源与环境特性的经济理论和分析方法去探索自然资源和环境的优化配置和可持续利用、自然资源及环境与经济的协调发展。

在资源与环境经济学中，自然资源分为可再生能源和不可再生能源，而自然资源的总量是有限的，它对于人类无限的需求而言是具有稀缺性的。自然资源的稀缺会对社会经济发展产生约束效应，影响产业结构，并制约经济发展的规模和速度，而这种资源约束可以通过提高科技创新水平来缓解。一些学者还认为，环境污染与经济增长之间存在着倒 U 形关系，也就是环境库兹涅茨曲线。当经济发展处于较低水平时，随着工业化的发展，环境逐渐加速恶化；当经济水平进一步提高，达到一定程度时，产业结构会发生巨大调整，同时整体社会的环境保护意识和环境监管力度大幅增强，从而促进了环境改善。因此资源和环境经济学理论认为一国在发展初期或中期时，应注重经济发展和资源约束及环境治理的协调统一，而这也正是绿色发展的核心。

4. 外部性理论

外部性理论也被称为溢出效应，指一个经济主体会受到其他经济主体的影响。著名的经济学家庇古（2015）认为，外部性可以是正向的也可能是负向的，当个体与整体不匹配时可能出现负外部性，负外部性出现，会降低市场资源配置效率、增加社会成本，因此需要政府这双无形的手来消除负外部性。不仅如此，有学者认为正外部性同样会造成市场的不平衡和市场对资源的无效配置，因此需要内部化。还有学者认为知识可分为一般知识与专业知识，只有专业知识才能给经济主体带来垄断利润。由此可知，科技创新的资金和研发投入所产生的科技成果的数量取决于效率和收益，但是科技市场的流通性以及知识的外部性等特征造成一般的科技成果容易被同类型企业所效仿，因此企业只能在短期内获得科技成果带来的垄断利润，但是随着同质产品涌入市场，企业将无法获得科技成果所能带来的更多利润，但是其他企业在没有付出承担相同成本和风险的情况下却能因此获得相应的收益，从而产生正外部性。但是知识的外部性也存在弊端，它可能会导致经济主体之间更倾向于相互模仿，而不愿意主动承担研发和科研活动所面临的风险，尽管预期产生的收益可能会给企业带来短期的巨额利润，从而带来市场失灵和科技创新能力匮乏等问题。因此，为了避免此类现象的发生，政府必须针对知识的外部性采取相应的措施纠正科技投资匮乏和市场失灵等问题，如出台相应的鼓励措施，利用税收、信贷和补贴等政策鼓励创新。

5. 可持续发展理论

可持续发展概念的提出标志着人类从工业文明开始转为生态文明。可持续发展理论的内涵在于既要追求经济增长的数量、质量，也要注重资源永续利用、生态友好和社会公平，从而实现经济、社会和生态的可持续发展。也就是以发展为基础，环境保护为条件，可持续为关键，社会全面进步为目标，推动人与自然和谐且全面发展。

可持续发展理论有三个基本原则，分别为公平性原则、持续性原则和共同性原则。公平性原则包括本代人公平和代际间公平两个方面：本代人公平为满足一个地区或国家人们的需要，也不损害其他地区或国家人们的需要。代际间公平强调每代人都能满足自身需要。因为资源是有限的，而当代人能主宰资源的利用和分配，所以既要满足当代人的需求，也不影响后代人的生存发展，任何一代人都不能在资源利用方面占据支配地位。持续性原则是指环境资源的可持续利用，即人类要在生态环境的承载能力范围内，约束自身生产行为，合理消耗能源，维护再生资源的可持续性生产。共同性原则从全球角度出发，认为实现可持续发展需要全球各个国家或地区的人们都参与其中。虽然每个国家或地区的经济环境有所差异，但各国都要在生态环境承载能力范围内发展经济，积极采取各种措施实现可持续发展，共同努力维护地球生态平衡。

我们认为可持续发展应包括经济、社会、生态三方的可持续。本书研究的绿色发展与绿色创新实际就是基于可持续发展理论下的一种发展模式。绿色发展是考虑环境影响的经济发展，绿色创新则是将能源消耗和环境保护作为创新能力和绩效的主要衡量标准，通过创新行为降低环境负面影响达到"绿色发展"，从而实现社会经济与资源环境的和谐发展。此外，绿色创新非常注重资源和环境的可持续性。要想实现可持续发展，必须改善生态环境、提高能源利用率和发展绿色经济。因此，绿色发展与进一步创新的实现将推动经济社会生态的可持续发展。

第二章
区域绿色发展效率的格局特征[①]

一、研究区概况

"十一五"期间，为科学反映中国不同区域的社会经济发展状况，国务院发展中心将中国大陆划分为东部、中部、西部和东北四大板块，并在此基础上根据各地的自然条件和经济基础进一步细化为八大综合经济区，分别是东北、北部沿海、东部沿海、南部沿海、黄河中游、长江中游、西南和西北综合经济区。

东北综合经济区包括辽宁、吉林和黑龙江三省，总面积80.84万平方公里，2018年年末总人口10836万人，生产总值约5.675万亿元，占全国生产总值的6.204%。东北三省自然条件

[①] 节选自：欧阳环薇.中国绿色发展的格局特征及其创新驱动作用研究［D］.南昌大学硕士学位论文，2020.

和资源禀赋结构相近，并且在历史上相互之间也有紧密的联系，是中国重型装备和设备制造业基地，也是中国的专业化农产品生产基地。在资源枯竭、产业结构升级转换等问题的不断困扰下，2004 年中央启动"振兴东北"战略，加快东北老工业基地调整、改造和振兴，自战略实施以来，东北地区经济社会发展开始加快，经济增速不断提高，与其他地区的发展差距逐年缩小。

北部沿海综合经济区包括北京、天津、河北和山东两省两直辖市，总面积 37.516 万平方公里，2018 年年末总人口 21317 万人，生产总值约 16.161 万亿元，占全国生产总值的 17.668%。这一地区地理位置优越，交通发达，以京津冀城市群和山东半岛为依托，充分发挥了人才、知识密集和信息中心的优势，且科技教育事业在全国处于领先地位，是中国最有实力的高新技术研发和制造中心之一。

东部沿海综合经济区包括上海、江苏和浙江两省一直辖市，总面积 21.904 万平方公里，2018 年年末总人口 16212 万人，创造约 18.147 万亿元的生产总值，占全国生产总值的 19.839%。这一地区现代化起步早于其他地区，凭借在对外开放中的区位优势，在改革开放和许多领域先行一步，成为对外经济交流和合作的首选之地，此中蕴含的地区资源集聚、技术进步和制度支持，使得东部沿海综合经济区在轻工业装备产品制造和高新技术研发方面发展优势明显，成为中国最具影响力的多功能制造业中心，同时也是具有国际影响力的世界性金融中心。

南部沿海综合经济区包括福建、广东和海南三省，总面积 33.91 万平方公里，2018 年年末总人口 16221 万人，创造约 13.791 万亿元的生产总值，占全国生产总值的 15.077%。这一地区面临香港、澳门和台湾，开放程度高，是中国重要的外向型经济发展基地和高档耐用消费品、非耐用消费品生产基地。与此同时，吸纳了丰富的海外社会资源，成为消化吸收国外先进技术的基地和高新技术产品制造中心。

黄河中游综合经济区包括山西、内蒙古、河南和陕西三省一自治区，总面积 196.04 万平方公里，2018 年年末总人口 19721 万人，创造约 10.660 万亿元的生产总值，占全国生产总值的 11.654%。这一地区总体自然资源禀赋，拥有丰富的煤炭、天然气和水能资源，其中的内蒙古自治区更是拥有天然的草场资源，综合整体资源优势，黄河中游综合经济区成为中国最大的煤炭开采和煤炭深加工基地、天然气和水能开发基地、钢铁工业基地、有色金属工业基地、干沙产业基地以及奶业基地。但由于地处内陆，对外开放水平有待提高，产业结构调整任重道远。

长江中游综合经济区包括安徽、江西、湖北和湖南四省，东接沿海，西连内陆，总面积 70.46 万平方公里，2018 年年末总人口 23788 万人，创造约 12.778 万亿元的生产总值，占全国生产总值的 13.970%。这一地区历史底蕴浓厚、人口稠密、自然资源丰富、交通发展便利，农业生产基础条件优良，拥有以水稻和棉花为主的专业化农业生产基地和农产品深加工基地，并建设有以钢铁及有色冶金为主的原材料基地、中国第三大汽车工业基地和武汉"光谷"。随着"中部崛起"战略的提出启动，长江中游综合经济区当前发展迅猛，然而受地理位置影响对外开放程度有待提高，同时面临着巨大的产业转型压力。

西南综合经济区包括广西、重庆、四川、贵州、云南三省一直辖市一自治区。总面积 137.127 万平方公里，2018 年年末总人口 24799 万人，创造约 11.408 万亿元的生产总值，占全国生产总值的 12.472%。这一地区地理位置较为偏远，贫困人口较多，随着改革开放的不断深入，大西南凭借自身具有潜在的、丰富的土地资源、生物资源、水能水利资源、矿藏资源和旅游资源，打开了社会经济快速发展的大门，拥有以重庆为中心的重化工业、以成都为中心的轻纺工业，并且在旅游市场也占据重要位置。

西北综合经济区包括甘肃、青海、宁夏、新疆和西藏两省三自治区。总面积 388.16 万平方公里，2018 年年末总人口 6759 万人，创造约 2.849 万亿元的生产总值，占全国生产总值的 3.115%。这一地区自然条件相对恶劣，虽土地贫瘠、地广人稀，但其自然资源较为丰富，是中国最大的综合性优质棉、果、粮、畜产品深加工基地，且向西开放可带动中亚经济发展，拥有较大的市场潜力。自 2000 年"西部大开发"战略实施以来，大西北各地基础设施建设取得明显进展，特色旅游产业也得到推广。

在区域经济协调发展的大格局下，绿色发展是破解当前资源环境约束难题的思路和突破口，科技创新是经济社会发展的新动力和引擎，各区域应从绿色经济和科技创新等方面突破，不断培育壮大绿色经济内生动力，持续探索特色发展和优势发展的绿色发展道路。因此，本书将选取中国 30 个省份（考虑数据可获得性，剔除西藏、港澳台地区）作为研究对象，在划分为八大综合经济区的基础上，对其绿色发展效率和科技创新效率进行评价。

二、评价指标体系构建

(一) 指标分析及数据处理

绿色发展是社会、经济和资源环境的协调统一,绿色发展效率的测度不仅要考虑投入产出要素的配置效率问题,还需要考虑资源投入以及环境成本,充分体现绿色发展理念。本书借鉴投入—产出理论以及索洛模型理论,结合绿色发展的定义,从资本投入、劳动力投入、资源投入、期望产出和非期望产出五个方面构建绿色发展效率评价指标体系,具体内容如表2.1所示。

表2.1 绿色发展效率评价指标体系

指标类型			
	一级	二级	三级
投入	资本投入	资本存量	固定资本形成额
	劳动力投入	劳动从业总人数	三次产业就业人员总数
	资源投入	资源投入综合指数	全年用水总量
			土地利用总量
			能源消费总量
产出	期望产出	经济产出	地区生产总值
	非期望产出	环境成本综合指数	工业固体废物产生量
			二氧化硫排放总量
			废水排放总量

在资本投入方面，采用国内外常用的永续盘存法对中国 30 个省区市的资本存量进行估算。由于基年选择越早，基年资本存量估计的误差对后续年份的影响也越小，参照单豪杰（2008）的研究，将 2006 年作为基期，以 2006 年的固定资本形成额除以 2006~2017 年投资额的平均增长率与折旧率之和作为基期资本存量，折旧率（δ）取 10.96%。具体计算步骤如下：

$$K_0 = \frac{I_0}{g + \delta} \tag{2.1}$$

其中，K_0 为基期年份资本存量估值，I_0 为基期年份固定资产投资额，g 为选定时间内投资额平均增长率，δ 为折旧率。

$$K_{m,t} = K_{m,t-1}(1 - \delta) + \frac{I_{m,t}}{P_{m,t}} \tag{2.2}$$

其中，$K_{m,t}$ 和 $K_{m,t-1}$ 为各省份在 t 年和 $t-1$ 年的资本存量估值，δ 为折旧率，$I_{m,t}$ 为第 t 年以当年价计算的固定资产投资额，$P_{m,t}$ 为第 t 年相对于基期的固定资产投资价格指数。

在劳动力投入方面，选取三次产业就业人员总数作为劳动就业总人数。

在资源投入方面，选取三个具有代表性的资源消耗指标，并采用熵值法计算出资源投入综合指数来反映各省份的资源投入情况。通过熵值法可对 2009~2017 年各省份的水资源投入（全年用水总量）、土地资源投入（土地利用总量）以及能源投入（能源消费总量）赋权，最后得到各省区市的资源投入综合指数。

在期望产出方面，选取地区生产总值来反映生产活动的最终成果，作为指标体系中的经济产出。

在非期望产出方面，借鉴国内相关研究成果，从固态、气态和液态污染物角度出发，并考虑数据的可获取性，选取工业固体废物产生量、二氧化硫排放总量和废水排放总量三个污染产出指标，同样通过熵值法计算出各省区市最终的环境成本综合指数。

（二）数据来源

本书选取全国30个省份（考虑数据可获得性，剔除西藏、港澳台地区）作为研究对象，指标数据主要源于2007～2018年的《中国统计年鉴》、《中国环境统计年鉴》、《中国能源统计年鉴》以及全国各省份统计年鉴和统计公报。其中土地利用总量是通过农用地与建设用地加和得到，对于缺失的2009～2013年农用地面积和建设用地面积数据，考虑到各年份变化幅度较小，通过插值法补齐。

三、绿色发展效率时空演变分析

利用Super-SBM-Undesirable模型，借助MaxDEA软件逐年测算2009～2017年中国30个省份的绿色发展效率，最终得出各地区的绿色发展效率结果如表2.2所示。根据数据包络分析法的经济含义，若效率值大于或等于1，则说明决策单元位于生产前沿面，实现了投入和产出的最优化，该决策单元在该年度的绿色发展效率相对有效；若效率值小于1，则说明投入和产出存在效率损失，该决策单元在该年度的绿色发展效率相对无效，数值越小表明绿色发展效率越低，可以通过优化投入量、期望产出量和非期望产出量来提升绿色发展效率。

表 2.2　2009～2017 年中国 30 个省份绿色发展效率

年份 地区	2009	2010	2011	2012	2013	2014	2015	2016	2017	平均值	年均增长率（%）
北京	1.177	1.205	1.181	1.214	1.211	1.224	1.245	1.191	1.265	1.213	0.81
天津	0.734	1.005	1.017	1.036	1.047	1.058	1.045	1.037	1.034	1.001	3.88
河北	0.261	0.269	0.282	0.283	0.282	0.277	0.268	0.269	0.269	0.273	0.33
山西	0.276	0.286	0.298	0.292	0.277	0.264	0.249	0.236	0.254	0.270	-0.92
内蒙古	0.304	0.302	0.309	0.299	0.281	0.265	0.238	0.215	0.175	0.265	-5.97
辽宁	0.417	0.491	0.542	1.000	0.591	0.445	0.373	0.246	0.230	0.482	-6.38
吉林	0.267	0.273	0.283	0.296	0.299	0.295	0.281	0.282	0.259	0.282	-0.32
黑龙江	0.281	0.317	0.371	0.394	0.360	0.312	0.271	0.247	0.234	0.310	-2.01
上海	1.393	1.387	1.375	1.354	1.347	1.335	1.328	1.331	1.330	1.353	-0.52
江苏	0.444	0.457	0.469	0.474	0.476	0.503	0.542	0.549	1.003	0.547	9.48
浙江	0.428	0.437	0.441	0.434	0.429	0.428	0.425	0.438	0.428	0.432	0.02
安徽	0.268	0.289	0.334	0.413	0.457	1.001	0.694	0.726	1.004	0.576	15.80
福建	0.339	0.353	0.361	0.375	0.416	0.470	0.592	0.746	1.003	0.517	12.81
江西	0.252	0.272	0.291	0.301	0.302	0.334	0.351	0.361	0.414	0.320	5.70
山东	0.372	0.367	0.367	0.370	0.382	0.386	0.381	0.376	0.375	0.375	0.10
河南	0.280	0.288	0.288	0.289	0.292	0.298	0.293	0.302	0.308	0.293	1.07
湖北	0.273	0.292	0.313	0.416	0.487	0.694	1.002	1.006	1.004	0.610	15.56
湖南	0.275	0.290	0.345	0.434	0.497	1.001	1.001	0.864	1.000	0.634	15.45
广东	1.041	1.047	1.046	1.037	1.032	1.028	1.028	1.024	1.022	1.034	-0.21
广西	0.204	0.216	0.235	0.243	0.250	0.256	0.261	0.269	0.255	0.243	2.53
海南	1.261	1.298	1.277	1.257	1.301	1.247	1.246	1.203	1.103	1.244	-1.48
重庆	0.264	0.277	0.308	0.325	0.343	0.382	0.424	0.514	0.617	0.384	9.90
四川	0.246	0.259	0.280	0.307	0.333	0.343	0.355	0.371	0.459	0.328	7.17
贵州	0.180	0.187	0.207	0.234	0.286	1.000	1.013	1.015	1.031	0.573	21.37
云南	0.210	0.212	0.217	0.228	0.239	0.241	0.240	0.237	0.243	0.230	1.63
陕西	0.265	0.285	0.305	0.325	0.335	0.352	0.333	0.340	0.381	0.325	4.12

年份 地区	2009	2010	2011	2012	2013	2014	2015	2016	2017	平均值	年均增长率（%）
甘肃	0.184	0.199	0.213	0.227	0.244	0.256	0.243	0.244	0.238	0.228	2.88
青海	0.199	0.209	0.210	0.218	0.217	0.218	0.210	0.203	0.191	0.208	-0.45
宁夏	0.189	0.203	0.213	0.219	0.220	0.217	0.211	0.208	0.204	0.210	0.84
新疆	0.188	0.206	0.211	0.213	0.210	0.213	0.199	0.186	0.193	0.202	0.25
全国	0.416	0.439	0.453	0.484	0.481	0.545	0.545	0.541	0.584	0.499	3.85

注：年均增长率计算公式为 $\sqrt[9]{\dfrac{E_{2017}}{E_{2009}}} - 1$。

基于表 2.2，采用几何平均法得到东北、北部沿海、东部沿海、南部沿海、黄河中游、长江中游、西南和西北八大综合经济区绿色发展效率，具体结果如表 2.3 所示。

表 2.3　2009～2017 年八大综合经济区绿色发展效率

年份 地区	2009	2010	2011	2012	2013	2014	2015	2016	2017
东北	0.315	0.349	0.385	0.489	0.399	0.344	0.305	0.258	0.241
北部沿海	0.538	0.588	0.593	0.603	0.608	0.610	0.604	0.595	0.603
东部沿海	0.642	0.652	0.658	0.653	0.650	0.660	0.674	0.684	0.83
南部沿海	0.764	0.783	0.784	0.787	0.824	0.845	0.912	0.972	1.042
黄河中游	0.281	0.290	0.300	0.301	0.295	0.293	0.276	0.269	0.269
长江中游	0.267	0.286	0.320	0.387	0.428	0.694	0.703	0.691	0.804
西南	0.219	0.228	0.247	0.264	0.287	0.382	0.394	0.415	0.448
西北	0.190	0.204	0.212	0.219	0.223	0.226	0.215	0.209	0.206

根据各区域技术研发效率分布情况，并参照已有研究，本书将绿色发展效率值分为高水平、中等水平、较低水平和低水平四类，具体分类区间如表 2.4 所示。

表2.4 绿色发展效率类型划分标准

效率值	效率类型
0.700 < GDE ≤ 1.600	高水平
0.500 < GDE ≤ 0.700	中等水平
0.200 < GDE ≤ 0.500	较低水平
0.000 < GDE ≤ 0.200	低水平

（一）时序变化分析

1. 宏观层面

从宏观层面的时序变化来看，2009～2017年中国绿色发展效率呈上升趋势，年均增长率为3.85%，全国平均总体绿色发展效率为0.499，接近中等水平。2009年实现绿色发展效率相对有效地区有4个，2010～2011年实现绿色发展效率相对有效地区有5个，2012年实现绿色发展效率相对有效的地区上升至6个后2013年又恢复至5个，2014年绿色发展效率相对有效地区上升至8个且一直保持至2016年，2017年绿色发展效率相对有效地区再次上升至11个，占全国比例超1/3。其余18个地区绿色发展效率总体呈上升趋势，但始终未曾达到有效水平，说明随着社会经济发展与资源环境保护矛盾的日益激化，中国整体绿色经济发展虽已得到有效改善，但区域经济发展转型、产业结构升级仍任重道远。

2. 中观层面

基于表2.3结果，可得到东北、北部沿海、东部沿海、南部沿海、黄河中游、长江中游、西南和西北八大综合经济区绿色发展效率变动趋势，如图2.1所示。

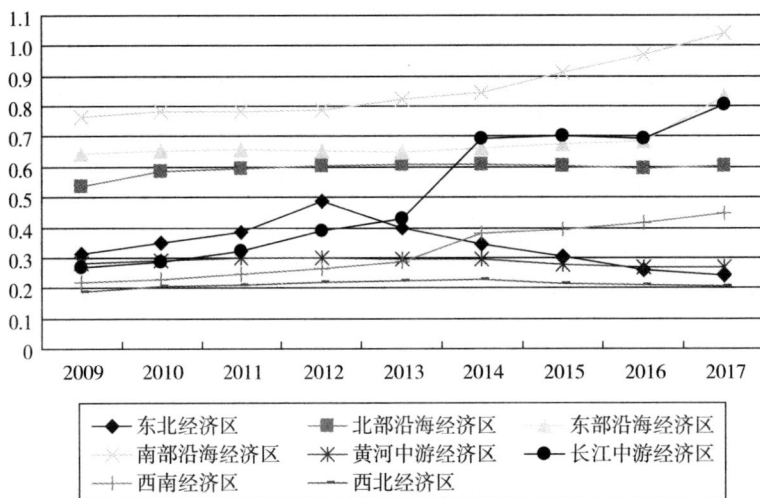

图 2.1　2009～2017 年八大综合经济区绿色发展效率变动趋势

　　从中观层面的时序变化来看，2009～2017 年各经济区间绿色发展效率差异明显，绝大部分经济区效率变化呈上升趋势，仅东北综合经济区和黄河中游综合经济区呈下降趋势。其中，东北综合经济区绿色发展效率呈倒 U 形下降趋势，在 2012 年达到效率峰值 0.489，对应年均降幅为 2.94%，平均绿色发展效率为 0.343，处于较低效率水平。北部沿海综合经济区绿色发展效率较为平缓，呈缓慢上升趋势，对应年均增长率为 1.27%，平均绿色发展效率为 0.593，处于中等效率水平。东部沿海综合经济区绿色发展效率在 2009～2016 年处于平缓上升状态，2017 年快速上升，效率值从中等水平跃至高水平，对应年均增长率为 2.89%，平均绿色发展效率为 0.678，综合处于中上效率水平。南部沿海综合经济区绿色发展效率在高水平区间内稳步上升，2017 年实现相对有效，对应年均增长率为 3.51%，平均绿色发展效率为 0.857，处于高效率水平，平均效率值在八大综合经济区中居于首位。黄河中游综合经济区绿色发展效率呈现先缓慢上升后缓慢下降的趋势，在2012年达到效率峰值0.301，对应年均降幅为0.49%，平均绿色发展效率为0.286，处于较低效率水平。长江中游综合经济区绿色发展效率变化幅度较大，呈现"稳步上升—急剧上升—缓慢下降—再急剧上升"的变化趋势，效率值从较低水平上升至中等水平后继续上升至高水平，对应年均增长率为13.04%，平均绿色发展效率为0.509。西南综合经济区绿色发展效率在较低水平区间内稳步上升，呈现缓慢上升—急剧上升—再缓慢上升的趋势，2017年效率值已接近中等水平，对应年均增长率为8.30%，平均绿色发展效率为0.320，综合处于较低水平。西北综合经济区绿色发展效率变动幅度较小，呈现先缓慢上升后缓慢下降的趋势，效率值由2009年的低水平上升至2014年的最高值之后下降，对应年均增长率为0.87%，平均绿色发展效率为0.206，综合处于较低水平，在各综合经济区中居于末位。

总体来看，各经济区绿色发展效率年均增长率排序为：长江中游＞西南＞南部沿海＞东部沿海＞北部沿海＞西北＞黄河中游＞东北。各经济区绿色发展效率值排序为：南部沿海＞东部沿海＞北部沿海＞长江中游＞东北＞西南＞黄河中游＞西北。这些差异与各区域的政策引导和产业结构等因素有着密不可分的关系。

3. 微观层面

从微观层面的时序变化来看，中国省域绿色发展效率值差异明显，有21个地区效率变化呈上升趋势，其余9个地区呈现不同降幅的下降趋势，其中3个地区是在实现相对有效水平基础上出现效率值下降。东北综合经济区中辽宁、吉林和黑龙江三省绿色发展效率均呈现倒 U 形下降趋势，辽宁起伏较大，吉林和黑龙江绿色发展效率值较为接近，三省分别在 2012 年、2013 年和 2012 年达到峰值，年均降幅分别为 6.38%、0.32% 和 2.01%，平均绿色发展效率分别为 0.482、0.282 和 0.301，均处于较低效率水平。究其原因，可能是东北三省作为中国的"工业摇篮"，以资本密集型重工业、农业为经济发展主要模式，其土地利用面积、能源消费量、"三废"排放量均处于全国中上水平，故产出投入未实现相对有效。

北部沿海综合经济区中北京在 2009~2017 年绿色发展效率值均大于 1，一直保持在绿色发展相对有效水平；天津绿色发展效率由 2009 年的高水平上升至相对有效水平，而后一直维持相对有效状态；河北和山东绿色发展效率水平和变化趋势较为接近，平均绿色发展效率均处于较低水平，山东略高于河北，且均呈现出小幅倒 U 形变化趋势，年均增长率分别为 0.33% 和 0.10%。北京和天津的投入虽不及山东和河北，但其非期望产出远远低于山东和河北，故绿色发展效率水平更高。而山东与河北的期望经济产出差距随时间逐渐拉大，因而山东较河北具有较高的绿色发展产投比。

东部沿海综合经济区中上海市效率值在 9 年间均大于 1，处于相对有效水平；江苏绿色发展效率呈现出先稳步上升后急剧上升的趋势，2009~2013 年均处于较低效率水平，2014~2016 年上升至中等效率水平，2017 年骤升至相对有效水平，对应年均增长率为 9.48%；浙江绿色发展效率在 0.42~0.48 波动变化，波动幅度较小，对应年均增长率为 0.02%，平均绿色发展效率为 0.432，处于较低水平，这可能与省内经济发展均衡度、经济基础及产业结构和规模有一定的关系。

南部沿海综合经济区中福建的绿色发展效率最低，但整体呈现稳步上升趋势，2017年达到相对有效效率水平，年均增长率达12.81%；海南凭借其特殊的发展模式，2009~2017年绿色发展效率持续达到相对有效水平；广东绿色发展效率在2009~2017年也一直处于生产前沿面，投入产出实现了相对有效，这与广东的产业结构、政策引导和经济基础有着密不可分的关系。

黄河中游综合经济区中各省份绿色发展效率水平大致相同，山西、内蒙古、河南和陕西平均绿色发展效率分别排全国第23位、第24位、第20位和第17位，其中陕西和内蒙古均呈下降趋势，效率值均处于较低水平，且都在2011年达到峰值，年均降幅分别为0.92%和5.97%；河南和陕西效率水平和变化趋势也较为相近，均处于较低效率水平，且呈现出波动上升趋势，年均增长率分别为1.07%和4.12%。

长江中游综合经济区中湖北和湖南绿色发展效率水平大致相同，平均效率值分别位列全国第7和第6，且增长趋势相近，均呈现出先缓慢上升后急剧上升的变化趋势，分别在2015年和2016年达到相对有效的绿色发展效率水平；安徽绿色发展效率波动幅度较大，2009~2013年在较低效率水平区间内稳步上升，2014年骤升至相对有效水平，2015年骤降至中等水平，而后上升至高水平再继续上升至相对有效水平，年均增长率为18.88%；江西绿色发展效率最低，9年间均处于较低效率水平，但整体呈现稳步缓慢上升趋势，年均增长率为5.70%。

西南综合经济区中贵州的绿色发展效率水平最高，且增幅最大，年均增长率达21.37%，效率值在2009~2010年处于低水平行列，2011~2013年处于较低水平行列，2014~2017年维持在相对有效水平，出现这种变化的原因可能是贵州的经济产出不断增加且污染物排放有效减少，因而居于生产前沿面；重庆与四川绿色发展效率均呈现出稳步上升趋势，年均增长率分别为9.90%和7.17%，其中重庆效率值在2016年已处于中等水平；广西和云南两地的绿色发展效率值相近，均在0.20～0.27区间波动上升，整体效率值处于较低水平。

西北综合经济区中各省份绿色发展效率处于全国末端水平，平均绿色发展效率包揽全国后四位，其中青海呈现出波动下降趋势，效率值由低水平波动至较低水平后，在2017年又降为低水平；甘肃、宁夏和新疆的绿色发展效率均呈现出波动上升趋势，对应年均增长率分别为2.88%、0.84%和0.25%。出现这种现象的原因可能是，这些地区经济发展依靠资源型产业来带动发展，且生态环境脆弱，追求经济增长所带来的资源浪费和环境污染成本较大。

（二）空间演化分析

为进一步分析中国绿色发展效率的空间演变及地区差异，借助ArcGIS10.5软件，采用年际平均截断，选取了2009年、2013年和2017年作为分析时间点，绘制中国30个省份绿色发展效率的空间分布格局图①，并将效率值划分为高水平、中等水平、较低水平和低水平四类。

基于空间分布格局演变的视角，在9年的演变过程中，中国各地区绿色发展效率差异明显，且空间演变呈一定规律性变化，具体如下：

2009年，绿色发展效率高水平地区有5个，其中4个达到相

---

① 图略，有需要的可向笔者索取。

对有效水平，均分布在沿海综合经济区，且在高水平地区中涵盖了3个直辖市，在有效水平地区中涵盖了2个直辖市，绿色发展效率中等水平地区个数为0，绿色发展效率较低水平地区有20个，集中在除西北综合经济区以外的各个经济区中，绿色发展效率低水平地区有5个，其中4个属于西北综合经济区。

2013年，中国整体绿色发展效率水平有所提高，绿色发展效率高水平地区仍维持在5个，均达到相对有效水平，分布在中国三大沿海综合经济区中，且3个沿海直辖市的绿色发展效率均达到相对有效水平，绿色发展效率中等水平地区上升至1个，辽宁跨入中等水平行列，绿色发展效率较低水平地区上升至24个，原低水平行列中的贵州、甘肃、青海、宁夏和新疆等地区改善至较低水平行列，绿色发展效率低水平地区个数下降为0。

2017年，中国整体绿色发展格局发生较大变化，两极分化问题日益凸显，其中绿色发展效率高水平地区个数上升至11个，且均达到相对有效水平，分布在三大沿海综合经济区、长江中游综合经济区以及西南综合经济区中，3个沿海直辖市的绿色发展效率仍维持在相对有效水平，绿色发展效率中等水平地区仍为1个，原处于中等水平的辽宁降为较低水平，原处于较低水平的重庆市上升为中等水平，绿色发展效率较低水平地区下降至15个，零散分布在除南部沿海综合经济区以外的其余七大综合经济区中，绿色发展效率低水平地区个数上升至3个，原处于较低效率水平的内蒙古、青海和新疆等地区降为低效率水平。

综合对比可以发现，绿色发展效率高水平地区多分布在沿海和长江中游地带，低水平地区主要集中在西北地区，直辖市的绿色发展效率水平普遍高于其他省区，东北、黄河中游和西南等区域绿色发展效率水平相对较低。

四、中国区域绿色发展均衡特征分析

　　基于八大综合经济区内部省份的绿色发展效率，进一步探讨中国区域绿色发展的均衡特征。综合经济区的绿色发展效率可以反映整个区域在考虑资源投入和非期望"三废"产出情况下的经济发展效率，并体现了经济社会自然和谐统一的绿色发展水平。如果把综合经济区打开，进一步观测作为综合经济区组成单元的各个省份，可以发现各个省份之间的绿色发展效率水平是存在较大差异的，而综合经济区的内部差异程度正可以反映该区域的绿色发展均衡度。如果一个综合经济区的绿色发展效率水平很高，但是其内部各个省份间的绿色发展效率值参差不齐，更有甚者差异巨大，说明在综合经济区内各省份间的产业结构规划、政策引导等方面可能存在某些问题，使得综合经济区内部没有形成一个具有良性循环的绿色发展模式，而是直接将高消耗、高污染、低效率的产业在省际间定向转移；如果一个综合经济区的绿色发展效率水平很高，且其内部各个省份间的绿色发展效率值大致相同，说明在该综合经济区内各地区的绿色发展效率趋于统一，该综合经济区整体已经开辟出了一条较好的绿色发展路径。

（一）绿色发展均衡度测算

　　基尼系数是由意大利统计学家 Gini 提出，最初用来研究地区或国家居民收入分配公平问题，如今已发展成为研究区域资源分配和区域发展绩效的均衡性与差异性的重要指标。从绿色发展定义来讲，绿色发展效率是经济发展绩效中的一个子类别，鉴于中国各综合经济区绿色发展水平存在明显的空间差异，其绿色发展效率也存在一定的区域不均衡，为了能够反映综合经济区的均衡特征，本书基于基尼系数基本模型设计了均衡函数，用以反映各综合经济区内部的绿色发展差异程度。均衡函数如下：

$$B = -\frac{1}{2\overline{E}}\sum_{i=1}^{n}\sum_{r=1}^{n}\frac{|E_i - E_r|}{n^2} + \varepsilon \qquad (2.3)$$

其中，B 为区域绿色发展均衡度，$\overline{E}$ 表示区域绿色发展效率均值，E_i 和 E_r 表示单元绿色发展效率，n 为区域内单元个数，ε 为均衡常数，由于基尼系数计算结果均处于 $0 \sim 0.5$ 区间，因此在本书中将均衡常数取值为 0.5。

将各综合经济区内的所有省份的绿色发展效率值代入均衡函数进行计算，结果如表 2.5 所示。

表 2.5　2009 ~ 2017 年八大综合经济区绿色发展均衡度

年份 地区	2009	2010	2011	2012	2013	2014	2015	2016	2017	平均值
东北	0.396	0.365	0.356	0.222	0.345	0.404	0.427	0.469	0.473	0.384
北部沿海	0.194	0.197	0.206	0.202	0.205	0.202	0.194	0.202	0.190	0.199
东部沿海	0.216	0.222	0.227	0.229	0.228	0.233	0.238	0.243	0.282	0.235
南部沿海	0.267	0.267	0.272	0.280	0.285	0.311	0.348	0.397	0.479	0.323
黄河中游	0.473	0.489	0.485	0.476	0.461	0.437	0.426	0.399	0.349	0.444
长江中游	0.483	0.487	0.464	0.435	0.412	0.310	0.315	0.325	0.371	0.400
西南	0.424	0.421	0.415	0.420	0.420	0.204	0.202	0.200	0.202	0.323
西北	0.485	0.489	0.496	0.487	0.470	0.464	0.461	0.447	0.454	0.473
全国	0.143	0.145	0.159	0.160	0.171	0.155	0.147	0.143	0.141	0.152

基于表 2.5 的结果，利用 Excel 可绘制出东北、北部沿海、东部沿海、南部沿海、黄河中游、长江中游、西南和西北八大综合经济区绿色发展均衡度变动趋势，如图 2.2 所示。

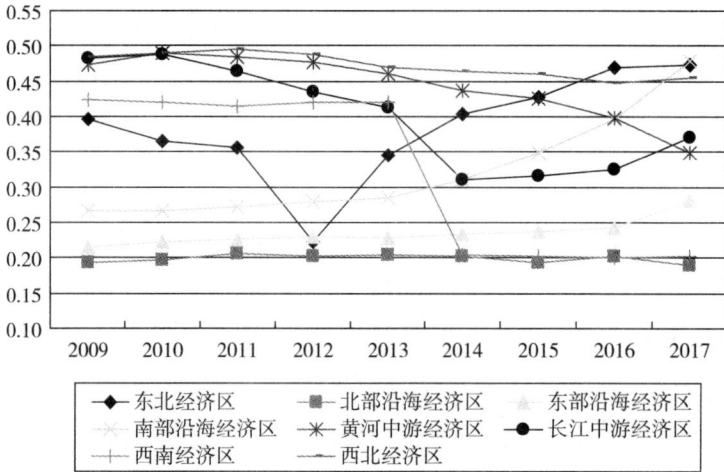

图 2.2　2009~2017 年八大综合经济区绿色发展均衡度变动趋势

（二）绿色发展均衡度变化趋势及差异分析

为了能够综合详细地反映区域间绿色发展均衡水平状况，按照绿色发展均衡度 B 的大小，借鉴均匀分布函数法，将均衡类型划分为均衡发展型、勉强均衡发展型、轻度失衡发展型和重度失衡发展型四类，如表 2.6 所示。

表 2.6　绿色发展效率均衡度类型划分标准

均衡度	均衡类型
$0.400 < B \leqslant 0.500$	均衡发展
$0.300 < B \leqslant 0.400$	勉强均衡发展

均衡度	均衡类型
$0.200 < B \leqslant 0.300$	轻度失衡发展
$0.000 < B \leqslant 0.200$	重度失衡发展

根据表2.5和图2.2可以发现，2009~2017年八大综合经济区绿色发展均衡度存在明显的地区差异。从不同区域内的时序变化来看：全国区域范围绿色发展效率9年间均处于重度失衡发展的状态，年际间波动浮动较小，说明中国绿色发展区域差异较大，两极分化问题尚未得到改善。其中，东北综合经济区绿色发展均衡度呈现先下降后上升的U形增长趋势，均衡度先由勉强均衡发展型下降至轻度失衡发展型，而后回升至勉强均衡发展型，继续上升为均衡发展型。北部沿海综合经济区绿色发展均衡度在0.19~0.21区间波动，波动幅度较小，均衡类型也随之在轻度失衡与重度失衡间波动变化。东部沿海综合经济区绿色发展均衡度呈现缓慢上升趋势，虽仍处于轻度失衡发展状态，但整体均衡度有所改善，绿色均衡度年均增长率达3.04%。南部沿海综合经济区绿色发展均衡度呈现先缓慢增长后急剧增长的上升趋势，增长幅度较大，年均增长率达6.69%，均衡度由轻度失衡发展型逐步改善至均衡发展型；黄河中游综合经济区绿色发展均衡度呈现先缓慢下降后急剧下降的趋势，年均降幅为3.32%，均衡度由均衡发展型逐步下降至勉强均衡发展型。长江中游综合经济区绿色发展均衡度变化幅度较大，呈现先逐步下降后缓慢上升的趋势，均衡度由均衡发展型降至勉强均衡发展型。西南综合经济区绿色发展均衡度呈跨越式下降，2009~2013年效率值在0.41~0.43波动，处于均衡发展状态，2014年骤降至轻度失衡发展水平，而后

一直在 0.20 ~ 0.21 区间内波动。西北综合经济区绿色发展均衡度波动幅度较小，呈现轻微的波动下降趋势，年均降幅为 0.73%，9 年间均处于均衡发展状态。

总之，绿色发展全国地区间差异较大，其中内陆综合经济区绿色发展较为均衡，沿海综合经济区的绿色发展均衡度均低于其他内陆经济区，这与区域内各省份的产业布局差异、经济基础差异和环境规划差异有着紧密的联系，可以通过合理的区域规划和空间溢出效应促使经济区内各省份在产业升级转移、绿色技术研发、生态环境保护等重点领域都能取得突破。

为进一步对各综合经济区绿色发展特征进行分析，本书结合八大综合经济区 2009 ~ 2017 年的绿色发展均衡度和绿色发展效率，绘制了八大综合经济区绿色发展的均衡度—效率四象限分析矩阵，将各综合经济区按所处象限分为 H - H 象限、H - L 象限、L - H 象限和 L - L 象限四类，分别代表高均衡度—高效率、高均衡度—低效率、低均衡度—高效率和低均衡度—低效率，具体分布如图 2.3 所示。

中国八大综合经济区绿色发展均衡度—效率主要集中在高绿色发展均衡度低效率的 H - L 象限，部分集中在低绿色发展均衡度—高效率的 L - H 象限，其余零散地分布在高绿色发展均衡度—高效率的 H - H 象限和低绿色发展均衡度—低效率的 L - L 象限。综合对比可以发现，综合经济区在均衡度较高的情况下的绿色发展效率值普遍较低，在均衡度适中和较低的情况下其绿色发展效率值分布在中等偏上区间。总体而言，绿色发展效率水平两极分化严重且各综合经济区间的均衡度差异明显是中国绿色发展的重要特征。

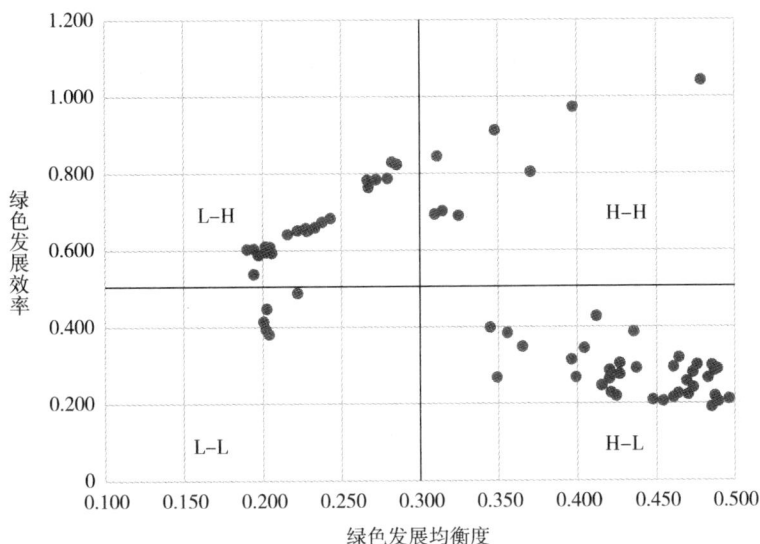

图 2.3　八大综合经济区绿色发展均衡度—效率四象限分析矩阵

　　第一类综合经济区处于高绿色发展均衡度—低效率的 H－L 象限，这类综合经济区的典型特征是绿色发展效率普遍较弱。这类综合经济区的绿色发展均衡度水平大多高于 0.40，但是绿色发展效率值却普遍低于 0.30。这类综合经济区包括：东北综合经济区、黄河中游综合经济区、西北综合经济区、2009~2013 年的长江中游综合经济区和西南综合经济区。其中西北综合经济区是典型的 H－L 经济区，其平均绿色发展均衡度为 0.454，平均绿色发展效率值为 0.206，西北综合经济区内的各省区的绿色发展效率均位于 0.18~0.26，效率值大致相同。

　　第二类综合经济区处于低绿色发展均衡度—高效率的 L－H 象限，这类综合经济区的典型特征是绿色发展效率两极分化严重。这类综合经济区的绿色发展均衡度水平普遍位于 0.19~0.25，但是绿色发展效率值却均高于 0.58。这类综合经济区共有三个，北部沿海综合经济区、东部沿海综合经济区和2014～2017年的长江中游综合经济区。以北部沿海综合经济区为 L－H 经济区典型代表，其平均绿色发展均衡度为0.199，平均绿色发展效率值为0.593，经济区内的北京在 2009～2017 年的绿色发展效率均大于 1，天津在 2010～2017 年的绿色发展效率均大于 1，达到相对有效，其余的河北和山东绿色发展效率相对较低，平均绿色发展效率值分别为 0.273 和 0.375，两极分化问题较为突出。

第三类综合经济区处于高绿色发展均衡度—高效率的 H－H 象限，这类综合经济区的典型特征是绿色发展效率多强少弱。这类综合经济区的绿色发展均衡度水平多位于 0.30～0.40，绿色发展效率值均高于 0.60，甚至大部分高于 0.80。南部沿海综合经济区是典型 H－H 经济区，其平均绿色发展均衡度为 0.323，平均绿色发展效率值为 0.857，南部沿海综合经济区内的广东和海南在 2009～2017 年的绿色发展效率均大于 1，实现相对有效，而福建的绿色发展效率在 2009～2016 年虽未达到有效水平，但效率值稳步上升，2017 年达到相对有效水平，区域内处于均衡发展状态。

第四类综合经济区处于低绿色发展均衡度—低效率的 L－L 象限，这类综合经济区的存在是由于时间波动，其绿色发展均衡度在某些时间段波动至失衡发展阶段，同时绿色发展效率在这些时间段也波动至低效率周边。2014～2017 年的西南综合经济区就是典型的 L－L 经济区，其绿色发展均衡度在 2014 年下降至轻度失衡发展水平，且绿色发展效率值仍处于较低水平，位于0.38～0.45。

第三章

区域绿色创新效率的测度与评价

一、区域绿色创新效率的评价指标
体系构建与方法

（一）研究方法

国内外学者在对绿色创新效率进行研究与测度时往往采用指标评价法，根据不同研究问题选择相应的评价方法。指标评价法普遍涉及指标权重问题，其中指标权重计算方法的选择是关键，会直接影响结果的科学性。现有的赋权方法主要分为主观和客观两种，主观赋权法是指依据专家或者权威依据科学性和专业性的原则，对指标的重要性直接打分，如专家赋权法、AHP、模糊数学综合评判法等；客观评价法是指通过科学的计算方法，依据指标数据的统计特征计算指标的权重，如因子分析法、数据包络分析方法（DEA）、熵权法等。为避免人为主观性因素对结果的影响，本书采用客观赋权法，在 DEA 和 SFA 之间做出选择。

数据包络分析方法（DEA）是根据实际数据基于线性规划构造生产的前沿面，将有效的决策单元（DMU）组合后根据原始数据与生产前沿面计算效率。DEA 的优点是不需要提前建立生产函数模型，从而避免因为使用错误的生产函数导致计算错误的风险，缺点是在使用 DEA 时不允许出现误差，因为它把所有的偏离生产前沿的原因归为低效率的，所以如果出现统计误差会导致结果的偏差。因此在使用 DEA 时要严格处理各项投入和产出指标的数据，这增加了探讨绿色创新效率的难度。含有参数的随机前沿分析法（SFA），依赖于建立前沿生产函数，并将实际产出水平与生产前沿面的差距划分为随机误差和技术无效率两部分，因此可以更好地反映技术效率，避免因为统计误差导致的统计结果的不准确性。但是 SFA 的主要缺点是只能有一个产出指标，无法衡量含有非期望产出的模型。数据包络分析法与随机前沿分析法的优缺点比较如表 3.1 所示。

表 3.1　DEA 与 SFA 比较

方法	优点	缺点
数据包络分析法（DEA）	①不需要特定的函数形式，因此降低了由于采用错误的函数形式带来的风险 ②在生产类型上能够计算多种投入要素和多种产出要素的形式 ③不需要对数据进行过多处理	①对数据要求严格，不能辨别统计误差，容易造成结果的不准确 ②认为所有不在生产前沿面上的都是无效率的，过于笼统
随机前沿分析法（SFA）	①需要提前设定函数形式 ②在分析过程中同时考虑了随机误差情况 ③能够分析生产过程中不同因素对结果的影响	①所分析的生产类型较简单，偏向多投入要素和单一产出要素的生产过程 ②有错误设定生产函数的风险

综上，由于绿色创新效率考虑对环境的影响，因此在评价指标中加入非期望产出指标，本书采用可以考虑非期望产出 SBM 模型对绿色创新效率展开研究，具体公式如下：

$$\rho = \min \frac{1 - \frac{1}{m} \sum_{i=1}^{m} \frac{s_1^-}{x_{i_0}}}{1 + \frac{1}{s_1 + s_2} \left(\sum_{r=1}^{s_1} \frac{s_r^a}{y_{r_0}^a} + \sum_{r=1}^{s_2} \frac{s_r^b}{y_{r_0}^b} \right)} \tag{3.1}$$

$$\text{s. t.} \begin{cases} X_0 = X\lambda + s^- \\ Y_0^a \lambda = Y^a \lambda - s^a \\ Y_0^b = Y^b \lambda + s^b \\ s^- > 0, \ s^a > 0, \ s^b > 0, \ \lambda > 0 \end{cases}$$

其中，ρ 为目标规划值，λ 为规划决策变量，s^-、s^a、s^b 是一个松弛变量向量。对于任何决策单元，ρ 的值都在 0 到 1 之间。仅当其目标函数值为 1 时有效，且在其他情况下，结果相反，因此需要调整输入输出比以提高有效性。

（二）评价指标体系构建

为了克服基础的 DEA 模型不能很好地表示环境污染的非期望产出的缺点，本书选择采用基于非期望产出的 SBM 模型测算绿色创新效率。在模型选择后，确定评价指标就成了效率测度的另一个关键，那么，通过对有关绿色创新效率测算指标选择的以往研究进行梳理总结得到表 3.2。

基于表 3.2 对之前研究成果的整理，本书运用 DEA 方法测算绿色创新效率需要将投入与产出指标分别输入模型中，结合本书的研究主题，拟将 30 个省区市作为研究样本（西藏、香港、澳门、台湾统计数据缺失较多），将各省区市的创新效率视为 30 个决策单元，时间跨度为 2008 ~ 2018 年。基于现有的文献，当前对于创新效率的投入指标大致分为两类：一是人力投入指标，二是资金投入指标。而创新效率的产出指标也大致分为两类：一是期望产出指标，其中包括技术型产出指标和经济型产出指标；二是非期望产出指标，即由于环境污染所产生的逆向型指标。

表 3.2   绿色创新效率的测算历史文献回顾

	投入变量	产出变量
国内研究	R&D 人员、R&D 经费内部支出	新产品产值、综合能耗产值产出率、工业废气排放总量
	绿色 R&D 投入、绿色创新人员投入	绿色专利申请量
	R&D 人员全时当量、R&D 经费内部支出、购买国内技术经费等	绿色专利申请量
	R&D 人员全时当量、R&D 资本存量	新产品销售收入、商业银行不良贷款率等
	研发人员全时当量、研发经费内部支出衡量；能源投入用能源消费量	新产品销售收入减去"三废"换算的工业"三废"治理费用
	R&D 经费内部支出、R&D 人员全时当量、能源总消耗量	GDP 工业废水排放总量、工业固体废物产生量和工业废气排放量
国外研究	R&D 经费，R&D 人员、技术引进消化吸收费用、新产品开发支出等	专利申请数量、有效发明专利数量、主营业务收入等
	研发内部费用、R&D 人员全时当量、能源消费总量等	专利申请量、"三废"排放量等
	研发人员全时当量、研发经费内部支出衡量、能源投入用能源消费量	专利申请数、新产品的销售收入和"三废"排放量
	R&D 经费内部支出、R&D 人员全时当量等	"三废"的排放量、新产品的销售收入等

根据科学性与数据的可得性原则，本章采取的投入变量分别为 R&D 人员全时当量、R&D 资本存量和能源消耗总量。分别用 $X1$、$X2$、$X3$ 表示；选取专利授权量、新产品销售收入、技术市

场成交额作为期望产出指标，分别用 Y1、Y2、Y3 表示，非期望产出则依然采用最传统也最具代表性的"工业'三废'"即环境污染指数（Y4）体现，具体指标说明及处理如下：

1. 投入变量

（1）劳动投入。使用 R&D 人员全时当量作为劳动投入，用字母 L 表示。R&D 人员全时当量的定义是科技研发全时人员加非全时人员按工作量折算为全时人员的总和。因此，R&D 人员全时当量比 R&D 人员数量更能代表地区的科技劳动投入。

（2）资本投入。采用 R&D 资本存量作为资本投入变量，用字母 K 表示。仅仅使用 R&D 经费内部支出衡量资本投入无法消除价格因素和通货膨胀对资本投入的影响，因此同样采用永续盘存法对资本投入进行计算，计算过程如下：

$$K_{it} = (1 - \delta_{it}) K_{it-1} + R_{it} \qquad (3.2)$$

其中，K_{it} 为 i 地区第 t 年的 R&D 资本存量，K_{it-1} 为 i 地区上一期的存量，R_{it} 为 i 地区当年的 R&D 流量，δ 为折旧率。计算 R&D 资本存量主要涉及四个变量，分别是基期 R&D 资本存量、当期 R&D 投入、R&D 的价格指数和折旧率。其中 R&D 支出包括 R&D 人员的劳务费、原材料费用、固定资产购建费、管理费用等，如果将其全部计入 R&D 资本存量会导致重复计算的问题，因此我们把 R&D 经费内部支出作为当期 R&D 支出水平。参照吴延兵（2006）的研究，基期 R&D 存量的计算公式如下：

$$K_{i0} = \frac{R_{i0}}{g + \delta} \qquad (3.3)$$

其中，g 表示样本期间内 R&D 投入的平均增长率，δ 表示折旧率，R_{i0} 表示基期 R&D 流量，g 表示样本期间 R&D 支出增长率的均值。为消除物价水平变动的影响，需要构造 R&D 资本价格指数对其进行调整。此处延用朱平芳和徐伟民（2003）通过消费价格指数和固定资产投资价格指数的加权对 R&D 投入进行指数平减的方法，权重分别为 0.55 和 0.45。随着新技术、新产品的出现，创新带来的收益呈逐年递减的趋势，可以用 R&D 资本的折旧率来刻画知识的老化程度。综观已有研究对于折旧率的计算主要是假定折旧率是一个固定的数值，多数文章通常假设折旧率为 5%、10% 或 15%。从现有的文献来看，大多数学者沿用的是 15% 的折旧率，而江永宏和孙凤娥（2016）在比较了各国的 R&D 资产折旧率的基础上，最终得出我国采用 20.6% 的折旧率最符合实际，该折旧率后来也被应用于我国 R&D 核算方法改革实践。因为不同地区的 R&D 资产结构的差异，在对地区 R&D 资本存量进行计算时采用的折旧率也应有所不同，但是，给每个地区确定合适的折旧率不是一件容易的事，国外学者也同样面临这个问题，最终提出采用全国层面的折旧率代替地区折旧率，因此，本章采用 20.6% 的折旧率对 R&D 资本存量进行测算。

（3）能源消耗总量。地区经济与科技的发展离不开能源，能源消耗量越少的地区对能源的依赖程度越低，对环境的污染则越小，因此能源消耗总量可以作为绿色创新效率的投入指标。

2. 产出变量

（1）专利授权量。科技的进步有很多的表现形式，其中最明显的直接形式就是专利授权量，科技创新水平越高、对科技越重视的地区专利授权量越多，因此采用专利授权数量作为绿色创新效率的产出变量具有科学性。

（2）新产品销售收入。除专利授权量外，新产品销售收入同样也是创新期望产出。其中，专利申请授权数表示创新直接成果的数量方面，反映了一个地区的创新产出数量；新产品销售收入衡量了创新产出的商业化水准，是创新直接成果的质量体现。因此选取新产品销售收入作为绿色创新的产出变量是合理的。

（3）技术市场成交额。技术市场成交额是指登记合同成交总额中明确规定属于技术交易的金额。即从合同成交总额中扣除所提供的设备、仪器、零部件、原材料等非技术性费用后实际技术交易额，但合理数量的物品并已直接进入研究开发成本的除外。与新产品的销售收入一样，技术市场的成交额是创新直接成果的质量体现，在一定程度上反映了专利技术等科技成果的直接转化效率。

（4）环境污染指数。绿色创新效率与创新效率的主要不同之处在于考虑了环境要素，即从绿色低碳视角出发，不仅要包括专利、新产品的销售收入和技术市场的成交额等一般创新活动产出，而且要考虑对环境的影响，因此国外许多学者从高质量发展的视角出发，除考虑创新活动产出，还考虑了"三废"排放量。环境污染是一个综合性指标，本书用废水、废气和固体废弃物的排放量对其进行表征。

绿色创新效率评价指标体系如表3.3所示。

表3.3　绿色创新效率评价指标体系

基础指标	二级指标	符号	数据来源
投入指标	R&D 人员全时当量	$X1$	《中国统计年鉴》
	R&D 资本存量	$X2$	
	能源消耗总量	$X3$	《中国能源统计年鉴》
产出指标	专利授权量	$Y1$	《中国科技统计年鉴》
	新产品销售收入	$Y2$	
	技术市场成交额	$Y3$	
	环境污染指数	$Y4$	《中国环境统计年鉴》

二、绿色创新效率测算结果与分析

2009～2018 年中国各省区市绿色创新效率如表3.4所示。

表 3.4　2009～2018 年中国各省区市绿色创新效率

区域	省份	2009	2010	2011	2012	2013	2014	2015	2016	2017	2018	均值
华北	北京	1.000	1.000	1.000	1.000	1.000	1.000	1.000	1.000	1.000	1.000	1.000
	天津	1.000	1.000	1.000	1.000	1.000	1.000	1.000	1.000	0.719	0.696	0.942
	河北	0.167	0.141	0.162	0.242	0.181	0.131	0.172	0.178	0.263	0.473	0.211
	山西	0.168	0.155	0.171	0.200	0.243	0.204	0.214	0.180	0.313	0.419	0.227
	内蒙古	0.185	0.208	0.173	0.279	0.187	0.095	0.102	0.072	0.123	0.134	0.156
	均值	0.504	0.501	0.501	0.544	0.522	0.486	0.497	0.486	0.484	0.544	0.507
东北	辽宁	0.404	0.353	0.409	0.397	0.376	0.362	0.370	0.363	0.396	0.473	0.390
	吉林	1.000	0.234	0.346	0.343	0.184	0.223	0.229	0.474	1.000	0.564	0.460
	黑龙江	0.200	0.197	0.226	0.280	0.267	0.243	0.252	0.238	0.304	0.324	0.253
	均值	0.534	0.261	0.327	0.340	0.275	0.276	0.284	0.358	0.566	0.453	0.368
华东	上海	1.000	1.000	1.000	1.000	0.806	1.000	0.737	1.000	1.000	1.000	0.954
	江苏	0.449	0.725	1.000	1.000	0.726	0.780	0.706	0.613	0.610	0.703	0.731
	浙江	1.000	1.000	1.000	1.000	1.000	1.000	1.000	1.000	1.000	1.000	1.000
	福建	0.343	0.369	0.356	0.449	0.280	0.194	0.275	0.262	0.340	1.000	0.387
	山东	0.307	0.335	0.333	0.529	0.377	0.396	0.459	0.376	0.498	0.501	0.411
	安徽	0.355	0.425	0.667	0.800	0.609	0.651	0.620	0.650	1.000	1.000	0.678
	均值	0.576	0.642	0.726	0.796	0.633	0.670	0.633	0.650	0.742	0.867	0.694
华中	江西	0.161	0.265	0.307	0.359	0.368	0.385	0.476	0.652	1.000	1.000	0.497
	河南	0.201	0.164	0.187	0.174	0.236	0.173	0.223	0.186	0.274	0.363	0.218
	湖北	0.338	0.369	0.388	0.425	0.496	0.549	1.000	0.644	1.000	1.000	0.621

续表

区域	省份	2009	2010	2011	2012	2013	2014	2015	2016	2017	2018	均值
华中	湖南	0.439	0.301	0.304	1.000	1.000	0.570	1.000	0.479	1.000	0.540	0.663
	均值	0.285	0.275	0.297	0.490	0.525	0.419	0.675	0.490	0.818	0.726	0.500
华南	广东	0.610	1.000	0.709	0.649	0.620	0.549	0.665	0.811	1.000	1.000	0.761
	广西	0.083	0.112	0.136	0.087	0.211	0.141	0.135	0.329	0.473	0.391	0.210
	海南	0.157	0.381	0.363	0.112	0.296	0.058	0.129	0.151	0.160	0.225	0.203
	均值	0.283	0.497	0.403	0.282	0.376	0.249	0.310	0.430	0.544	0.539	0.391
西南	重庆	1.000	1.000	1.000	1.000	1.000	1.000	1.000	1.000	1.000	0.584	0.958
	四川	0.358	0.331	0.285	0.332	0.345	0.371	0.452	0.405	0.426	0.527	0.383
	贵州	0.109	0.261	0.324	0.247	0.314	0.411	1.000	0.326	1.000	1.000	0.499
	云南	0.276	0.229	0.209	0.323	0.281	0.315	0.300	0.299	0.341	0.344	0.292
	均值	0.436	0.455	0.454	0.475	0.485	0.524	0.688	0.507	0.692	0.614	0.533
西北	陕西	0.224	0.274	0.328	0.342	0.410	0.423	0.440	1.000	0.479	0.526	0.445
	甘肃	0.285	0.312	0.354	0.400	0.426	0.449	0.432	0.359	0.406	1.000	0.442
	青海	0.321	0.138	0.108	0.134	0.165	0.108	1.000	1.000	1.000	1.000	0.497
	宁夏	0.132	0.105	0.193	0.192	0.150	0.128	0.180	0.130	0.276	0.355	0.184
	新疆	0.076	0.182	0.144	0.147	0.087	0.082	0.109	0.097	0.153	1.000	0.208
	均值	0.208	0.202	0.225	0.243	0.248	0.238	0.432	0.517	0.463	0.776	0.355

从绿色创新效率的时间时序均值来看（见图 3.1），2009～2018 年中国的绿色创新效率整体呈稳步上升的趋势，2009 年绿色创新效率的均值为 0.1498，到了 2018 年上升到 0.2951，实现了 97% 的快速增长，说明中国的绿色创新效率呈现良好的上升趋势，这是中国越来越重视科技，并加大科技投入力度的成果。

从各地区的绿色创新效率的均值来看（见图 3.2），研究样本中的 30 个省份差异较大。2009～2018 年绿色创新效率均值最高的是天津（0.833），其后是北京（0.636）和海南（0.713），最低的三个省份是贵州（0.053）、宁夏（0.058）和山西（0.061）。

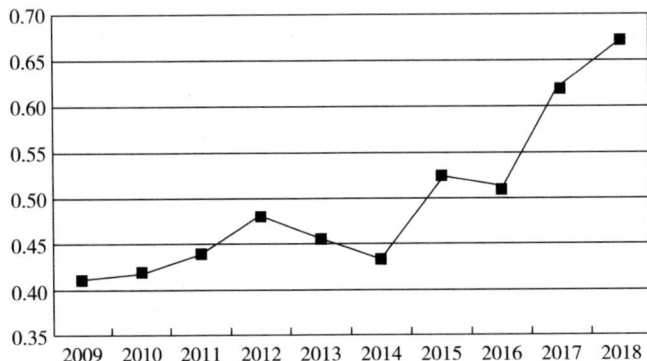

图 3.1　2009～2018 年中国绿色创新效率时序均值

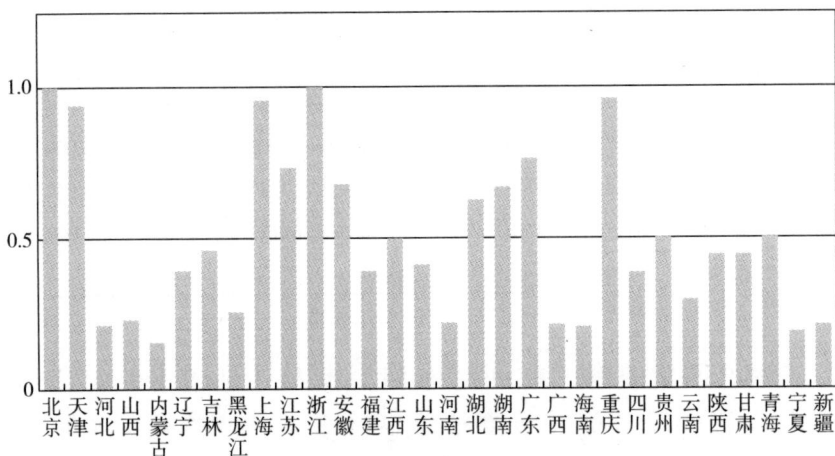

图 3.2　2009～2018 年中国绿色创新效率省份均值

其中天津和北京无论是科技资源还是经济发展水平都高于其他大部分地区，尤其是北京作为中国的首都，拥有最多的科研院所，直接推动了北京绿色创新效率的提升。贵州、宁夏和山西属于中西部地区，经济发展水平较低在一定程度上阻碍其绿色创新效率的提升，各省份的绿色创新效率均有不同程度的上升，说明在新常态下中国的创新驱动战略取得了显著的成效。其中上升速度最快的是上海，作为中国的经济中心，其独特的优势给上海提供了雄厚的经济支持。其后是吉林和黑龙江，进步最小的是天津，其后是宁夏和贵州，其中天津近十年的绿色创新效率一直保持在高水平，宁夏和贵州的绿色创新效率则一直处于低水平，有较大的上升空间。

本章把全国按照地理位置划分为华东、华北、华中、华南、西南、西北、东北七大区域，从各个区域整体来看（见图3.3），2009～2018年绿色创新效率均值最高的是华东地区（0.694），其次是西南地区（0.533），位于第三的是华北地区（0.507），中国的西北地区无论是在经济发展程度还是以创新为基础的绿色化方面都比较落后，在区域的绿色创新效率排名中也居于末位。从区域之间来看，华北和华中两个区域之间绿色创新效率均值仅仅相差0.007；西北（0.355）和东北（0.368）两地的差距也是微乎其微。绿色创新效率在区域之间的差距与其经济发展水平成正比。由此可见，区域之间的平衡发展，即落后地区的追赶和发达地区的引领作用对中国整体的可持续发展是至关重要的。

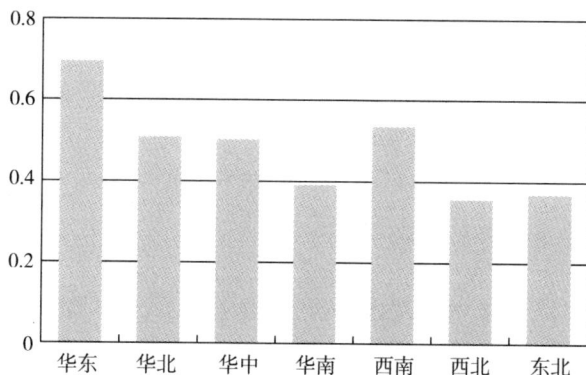

图3.3　2009～2018年中国各区域绿色创新效率均值

三、绿色创新效率的空间相关性分析 [①]

莫兰指数包括全局莫兰指数与局部莫兰指数，其中全局莫兰指数是用于衡量地区空间自相关的综合指标，局部莫兰指数用于衡量地区局部空间分布特征，可以用于衡量某项指标。

全局莫兰指数公式如下：

$$I = \frac{n}{\sum\limits_{i=1}^{n}\sum\limits_{j=1}^{n} w_{ij}} \frac{\sum\limits_{i=1}^{n}\sum\limits_{j=1}^{n} w_{ij}(x_i - \bar{x})(x_j - \bar{x})}{\sum\limits_{i=1}^{n}(x_i - \bar{x})^2} \tag{3.4}$$

局部莫兰指数公式如下：

$$I = \frac{(x_i - \bar{x})}{S^2} \sum\limits_{j=1}^{n} W_{ij}(x_j - \bar{x}) \tag{3.5}$$

其中，$(x_i - \bar{x})$ 表示指标与其均值之差，此处表示 i 地区绿色创新效率与其均值之差，$n = 30$，W_{ij} 选取 Rook 距离标准，利用邻接矩阵代表地区之间的地理位置关系，用数字 0 和 1 表示地区是否相邻。

（一）全局莫兰

从表3.5可以看出，2009～2017年的全局 Moran's I 均大于

---

① 节选自：王娟. 环境规制对绿色创新效率的影响空间分异研究［D］. 南昌大学硕士学位论文，2021.

零，表明各地区的绿色创新效率之间确实存在显著的空间正相关性。但是，莫兰指数随着时间的推移在逐渐变小，表示空间相关性也在不断减弱，说明高—高型、低—低型"俱乐部"集聚特征和空间扩散能力也在逐渐减弱，也就是说地区之间的差距在扩大。

表 3.5　全局莫兰指数

年份	莫兰指数	P 值
2009	0.13	0.09
2010	0.27	0.01
2011	0.37	0.00
2012	0.33	0.00
2013	0.29	0.00
2014	0.32	0.00
2015	0.18	0.04
2016	0.07	0.20
2017	0.10	0.14

I 的取值范围为 $[-1,1]$，具体范围所代表的含义如表 3.6 所示。

表 3.6　I 的具体范围及代表含义

I 的范围	含义
$I>0$	表示所有地区的属性值在空间上有正相关性，即属性值越大（小）越容易聚集在一起
$I=0$	表示地区随机分布，无空间相关性
$I<0$	表示所有地区的属性值在空间上有负相关性，即属性值越大（小）越不容易聚集在一起

通过全局莫兰指数可知：第一，中国各省区市间的绿色创新效率确实存在空间正相关性，但是其相关性在逐渐减弱，说明

高—高型、低—低型"俱乐部"集聚特征和空间扩散能力也在逐渐减弱，也就是说地区之间的差距在扩大。第二，随着时间的推移，地区的相关性在逐渐减弱，说明高—高型、低—低型"俱乐部"集聚特征和空间扩散能力也在逐渐减弱，也就是说地区之间的差距在扩大。

（二）局部莫兰

全域 Moran's I 结果虽然反映了空间相关性的整体情况，但却可能会忽略局部的非典型特征，因而有必要进一步考察局部 Moran's I 的具体情况。图 3.4 分别报告了 2009～2018 年全国 30 个地区绿色创新效率的局部莫兰分布情况。

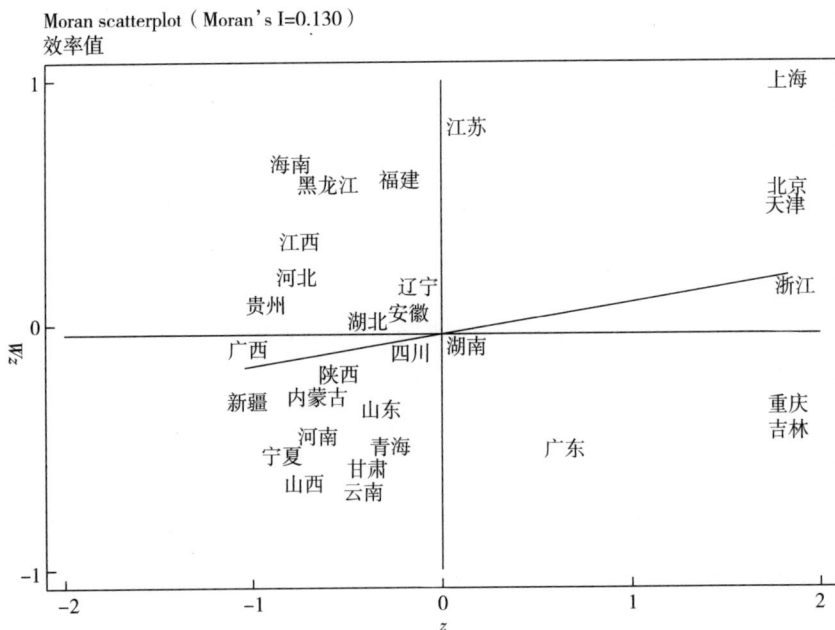

图 3.4　局部莫兰

Moran scatterplot（Moran's I=0.271）
效率值

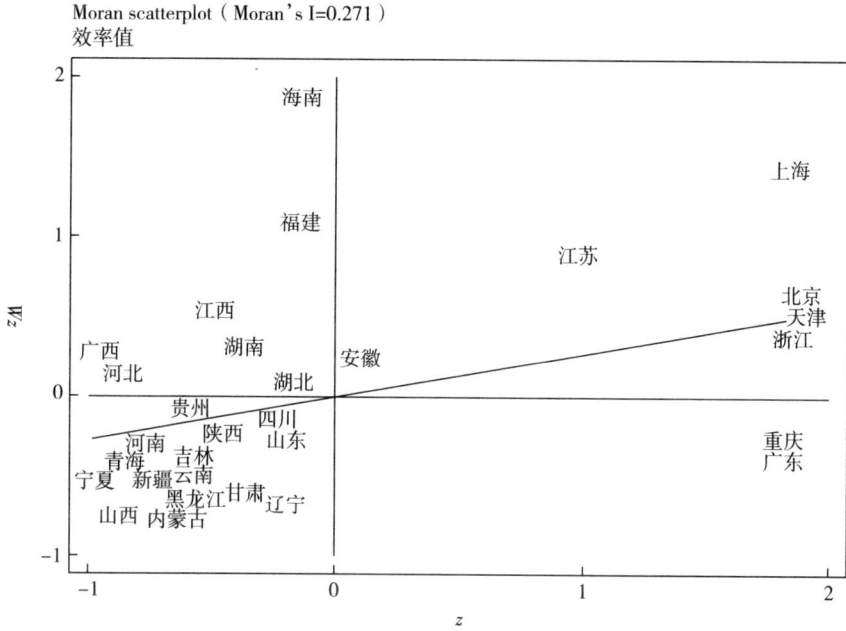

Moran scatterplot（Moran's I=0.370）
效率值

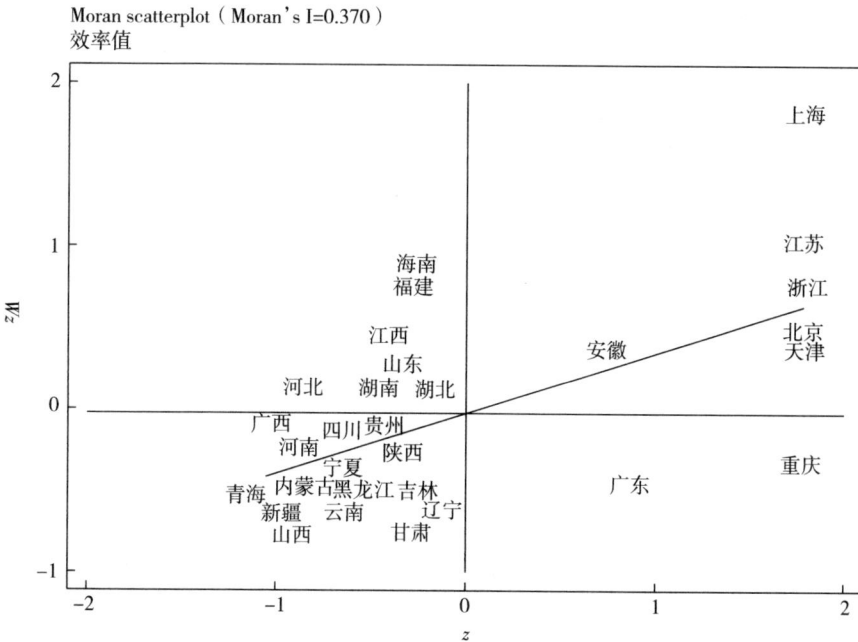

图 3.4 局部莫兰（续）

Moran scatterplot（Moran's I=0.329）
效率值

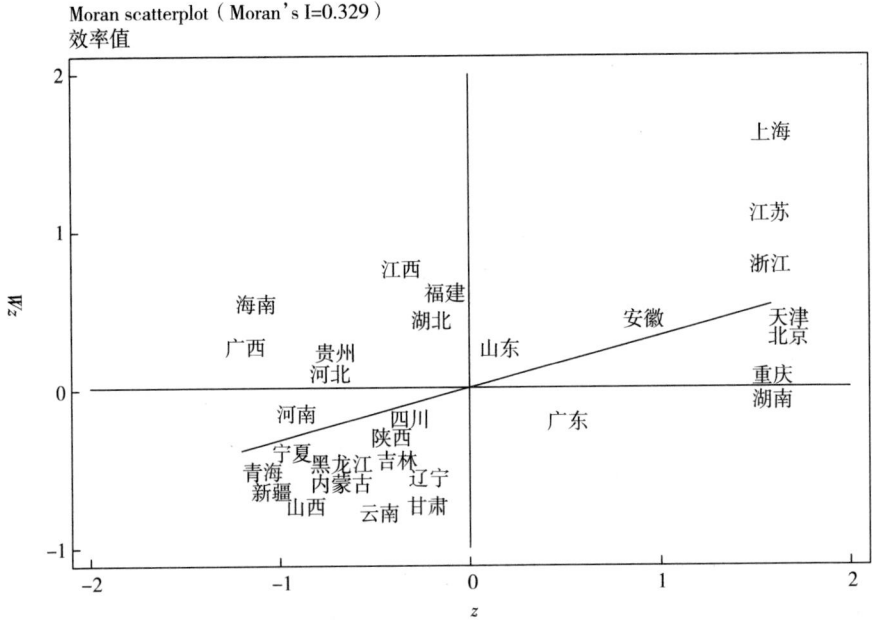

Moran scatterplot（Moran's I=0.293）
效率值

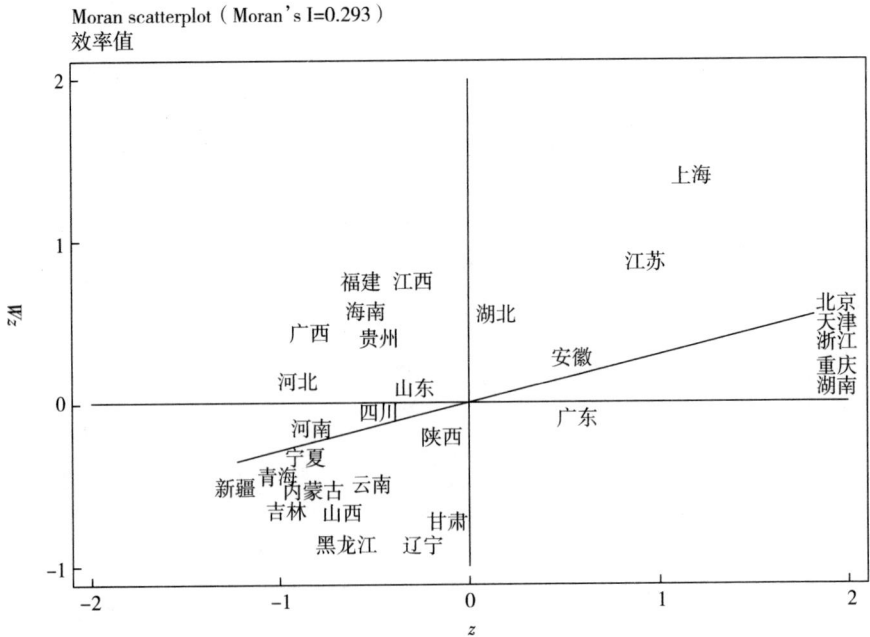

图 3.4　局部莫兰（续）

Moran scatterplot（Moran's I=0.320）
效率值

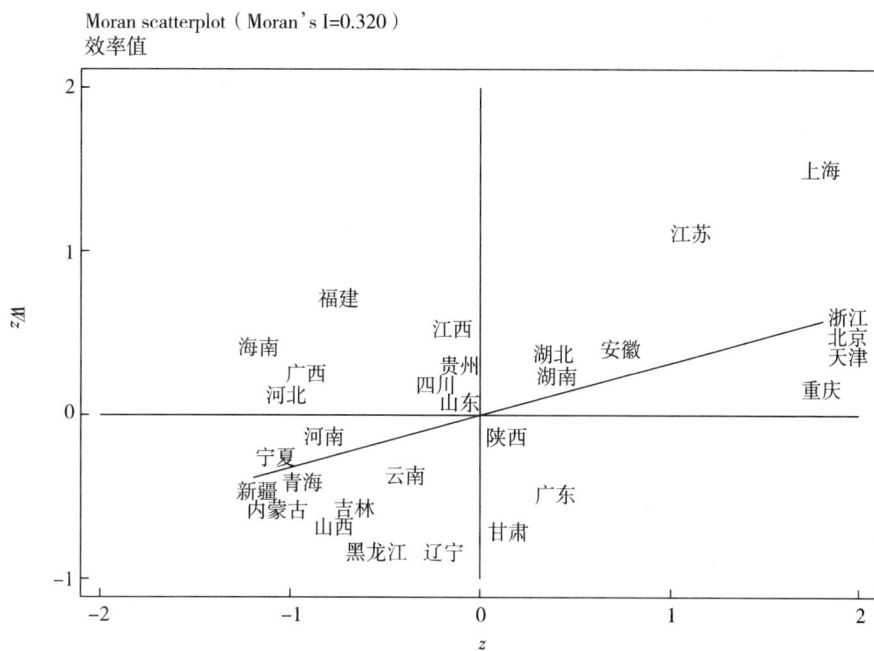

Moran scatterplot（Moran's I=0.183）
效率值

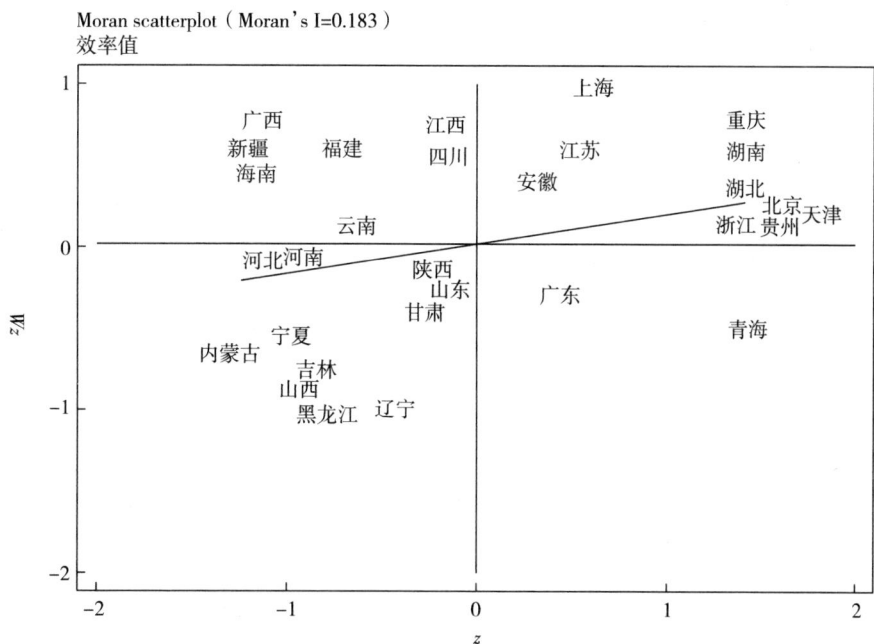

图 3.4　局部莫兰（续）

Moran scatterplot（Moran's I=0.069）
效率值

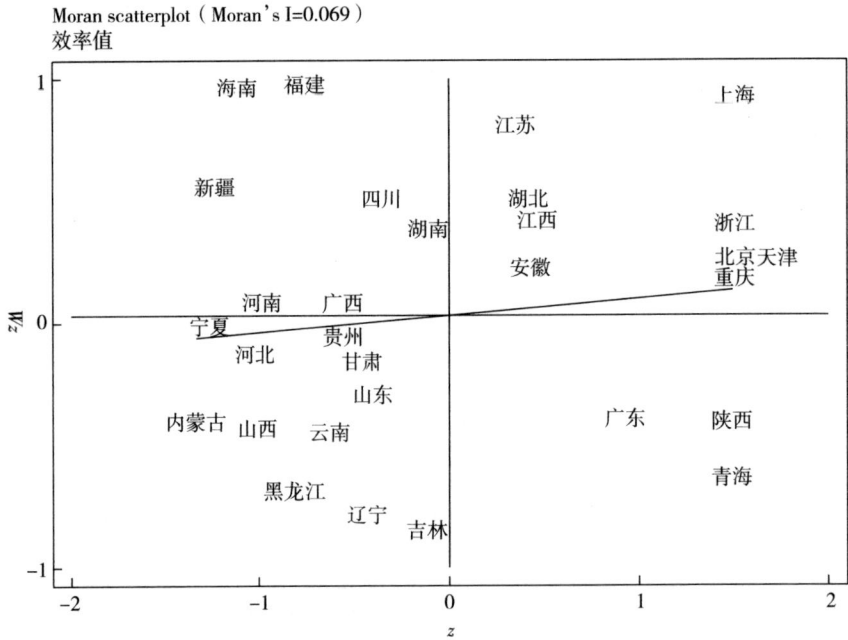

Moran scatterplot（Moran's I=0.102）
效率值

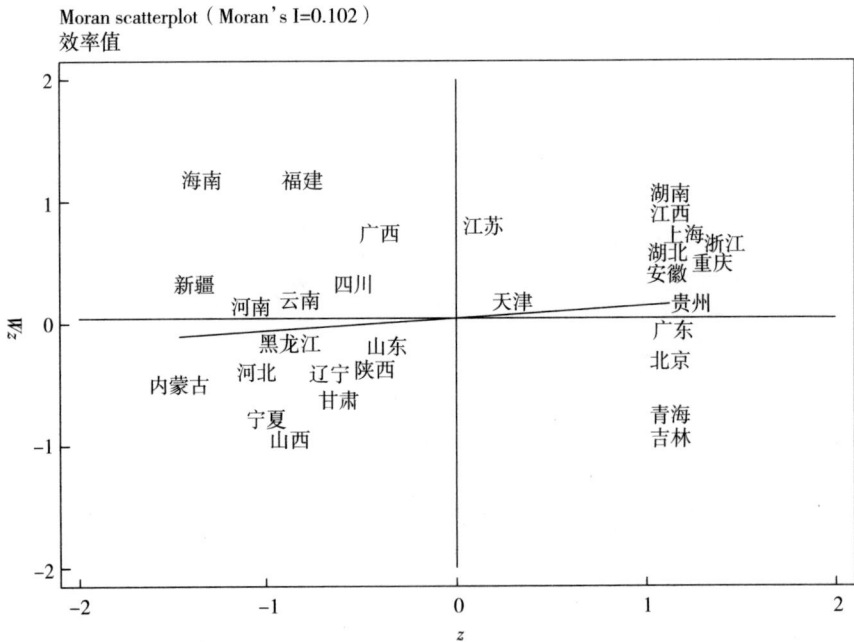

图 3.4　局部莫兰（续）

Moran scatterplot（Moran's I=0.265）

效率值

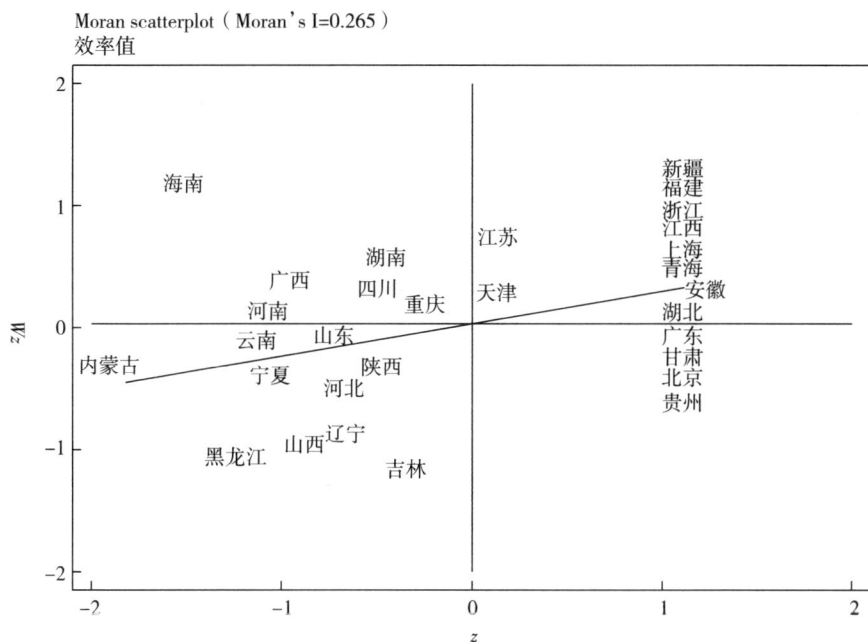

图 3.4　局部莫兰（续）

　　图 3.4 中的纵轴表示标准化的绿色创新效率值，横轴代表其空间滞后值，由此可以看出，大部分省份位于第三象限，这进一步说明中国省际绿色创新效率存在空间扩散效应和正相关特征。2009 年绿色创新效率高—高型"俱乐部"主要集中在北京、天津、浙江、上海和江苏五个省份，2018 年绿色创新效率高—高型"俱乐部"主要集中在福建、新疆、浙江、上海、江苏、天津、安徽、湖北、江西、青海、安徽；大部分地区属于低—低型，2009 年主要集中在四川、河南、山东、云南、甘肃、山西、宁夏等省份，2018 年为河南、云南、河北、山西等省份。需要说明的是 2009 年高—高型的省份只有吉林，但是吉林在 2014 年上升为高—高型，安徽、福建和陕西在 2018 年由低—低型上升为高—

低型。此外，整个样本期间，低—低型俱乐部成员要比高—高型"俱乐部"成员多，这从侧面说明我国非绿色创新集聚要强于绿色创新集聚。且在整个样本期内，两类集聚的省份数量和名称也都没有发生明显变化，说明我国省际绿色创新的赶超能力和发展力度还不够，相关政府和部门对此应该有所重视。

四、本章小结

基于 2009～2018 年中国 30 个省份的面板数据，首先，通过随机前沿分析法（SFA）测算 30 个省份的绿色创新效率，并对其现状进行了分析，发现中国各省份的绿色创新效率存在明显的发展不平衡性问题，地区发展水平差距较大，且发展水平普遍不高。其次，通过全局莫兰指数与局部莫兰指数，检验中国 30 个省份绿色创新效率的空间异质性，结果发现中国大部分省份属于低—低型，只有少数省区市属于高—高型，且通过分析发现地区间的相关性在逐渐减弱，也就是说地区之间的差距在扩大。结果表明：

第一，中国各省份的绿色创新水平差距确实有逐渐拉大的趋势，地区发展的平衡性将越来越明显。

第二，各省份的绿色创新效率呈现明显的空间异质性特征，东部地区的绿色创新效率处于较高的水平。随着时间的推移，地区的相关性在逐渐减弱，说明地区之间的差距在扩大。大部分省份的绿色创新效率属于低—低型，说明非绿色创新集聚要强于绿色创新集聚。

第三，环境规制政策同时对本地和其他地区的绿色创新产生影响，均明显呈现先抑制后促进的关系。

第四，中国各地区的高污染企业的数量仍然普遍多于高科技产业，且其中大多数是服务业和其他低技术型产业，对地区的绿色创新反而起到抑制作用；城镇化水平、对外开放水平和科技创新水平对绿色创新有显著的促进作用。

第五，中西部地区的绿色创新效率目前正处于高速发展阶段，增长速率比东部地区快；东部地区的绿色创新水平对环境规制的敏感度比中西部地区更高；从长期效应来看，东部地区环境规制与绿色创新效率整体呈现出先上升后下降再上升 N 形的曲线关系，而中部地区则是先下降后上升的 U 形线性关系；东部地区对其他地区的影响较大，说明东部地区对带动其他地区的发展发挥重要的作用等。

第四章

区域科技创新与生态效率的关系

科技创新作为区域转变发展方式的关键创新之一，其与生态环境的关系研究是当今乃至今后很长时期的关注重点，本章将科技创新分为科技创新效率和科技创新能力两个维度，分别从科技创新活动的技术研发效率和成果转化效率切入对科技创新活动两阶段效率的时间和空间分布进行分析，通过建立科技创新能力与生态效率双指标评价体系研究科技创新与生态效率之间的关系。

一、中国科技创新发展区域差异性分析[①]

（一）科技创新活动两阶段效率

科技创新活动是一个复杂的系统，根据投入产出的要素不

---

① 本节选自：欧阳环薇. 中国绿色发展的格局特征及其创新驱动作用研究［D］. 南昌大学硕士学位论文，2020.

同，可以分为两个阶段：第一阶段为技术研发过程，科技资源投入在技术研发过程中输出得到科技创新成果；第二阶段为成果转化过程，科技创新成果在成果转化过程中转化得到经济产出输出，具体过程如图4.1所示。

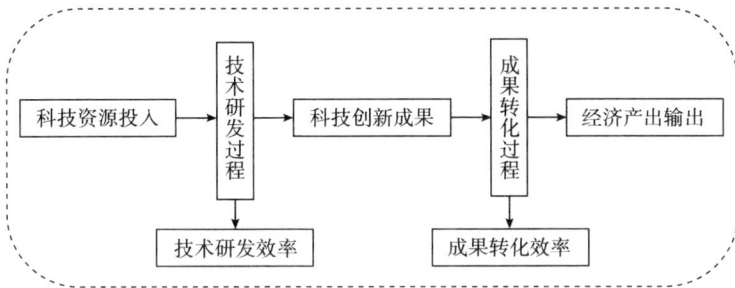

图4.1　科技创新活动两阶段产出链

科技创新活动两阶段效率分别为技术研发效率和成果转化效率，是衡量生产要素配置与产出效能水平的重要手段。技术研发效率是一个相对概念，用来衡量科技资源投入是否达到最大程度的利用、科技成果产出是否实现最大可能性的输出，能够反映技术研发绩效水平；成果转化效率是指科技创新成果转化为经济效益的一种投入产出对比关系，也是一种相对概念，能够反映成果转化绩效水平。

（二）技术研发效率时空演变分析

利用 Super - SBM 模型，借助 MyDEA1.0 软件，逐年测算2009～2017年中国30个省份的科技创新活动一阶段的技术研发效率，最终得出各地区的技术研发效率结果如表4.1所示。根据数据包络分析法的经济含义，若效率值大于或等于1，则说明决策单元在创新活动一阶段中位于生产前沿面，实现了科技资源投入和科技创新成果产出的最优化，该决策单元在该年度的技术研发效率相对有效；若效率值小于1，则说明投入和产出存在效率损失，该决策单元在该年度的技术研发效率相对无效，数值越小表明技术研发效率越低，可以通过减少投入冗余和改进产出不足来提升技术研发效率。

表4.1　2009～2017年中国30个省份技术研发效率

年份 地区	2009	2010	2011	2012	2013	2014	2015	2016	2017	平均值	年均增长率（%）
北京	1.346	1.400	1.404	1.501	1.511	1.510	1.485	1.505	1.570	1.470	1.73
天津	0.432	0.423	0.467	0.486	0.494	0.489	0.488	0.423	0.352	0.450	−2.25
河北	0.099	0.085	0.091	0.099	0.070	0.055	0.068	0.081	0.104	0.084	0.55
山西	0.184	0.151	0.131	0.133	0.183	0.147	0.139	0.103	0.188	0.151	0.24
内蒙古	0.228	0.228	0.166	0.245	0.157	0.055	0.052	0.035	0.048	0.135	−15.90
辽宁	0.339	0.293	0.290	0.304	0.206	0.218	0.240	0.253	0.276	0.269	−2.26
吉林	0.171	0.124	0.139	0.104	0.119	0.092	0.077	0.241	0.357	0.158	8.52
黑龙江	0.286	0.229	0.258	0.348	0.309	0.292	0.293	0.266	0.300	0.287	0.53
上海	1.061	0.813	0.765	0.632	0.564	0.576	0.577	0.617	0.618	0.691	−5.83
江苏	0.398	0.753	1.069	1.030	0.470	0.321	0.284	0.236	0.228	0.532	−6.00
浙江	1.333	1.341	1.364	1.454	1.442	1.343	1.231	1.157	1.081	1.305	−2.30
安徽	0.280	0.290	0.570	0.417	0.446	0.435	0.359	0.339	0.295	0.381	0.58
福建	0.215	0.251	0.203	0.204	0.165	0.122	0.189	0.163	0.220	0.192	0.26
江西	0.106	0.165	0.193	0.181	0.178	0.223	0.348	0.609	1.032	0.337	28.77
山东	0.175	0.172	0.153	0.115	0.110	0.114	0.119	0.122	0.131	0.135	−3.17
河南	0.158	0.118	0.127	0.097	0.078	0.071	0.072	0.077	0.091	0.099	−5.95
湖北	0.320	0.282	0.288	0.315	0.460	0.509	0.565	0.541	0.518	0.422	5.50
湖南	0.293	0.209	0.139	0.115	0.151	0.158	0.143	0.115	0.176	0.167	−5.51
广东	0.542	0.512	0.410	0.324	0.369	0.277	0.387	0.411	1.026	0.473	7.35
广西	0.040	0.058	0.056	0.018	0.042	0.059	0.036	0.154	0.156	0.069	16.33

续表

年份 地区	2009	2010	2011	2012	2013	2014	2015	2016	2017	平均值	年均增长率（%）
海南	0.272	0.444	0.314	0.039	0.170	0.029	0.075	0.088	0.087	0.169	-11.90
重庆	0.518	0.687	0.605	0.384	0.550	0.734	1.006	1.059	0.203	0.638	-9.89
四川	0.297	0.277	0.236	0.303	0.339	0.397	0.516	0.415	0.454	0.359	4.83
贵州	0.074	0.218	0.283	0.203	0.369	0.713	1.034	0.328	1.013	0.471	33.74
云南	0.208	0.169	0.148	0.351	0.290	0.308	0.320	0.301	0.389	0.276	7.20
陕西	0.220	0.265	0.337	0.355	0.512	0.563	0.603	0.728	0.555	0.460	10.83
甘肃	0.260	0.267	0.304	0.349	0.441	0.478	0.496	0.510	0.562	0.407	8.94
青海	1.018	0.357	0.528	0.307	0.303	0.361	1.049	1.113	1.161	0.689	1.47
宁夏	0.093	0.066	0.157	0.109	0.053	0.089	0.077	0.084	0.197	0.103	8.70
新疆	0.078	0.164	0.107	0.088	0.050	0.044	0.067	0.059	0.080	0.082	0.28
全国	0.368	0.360	0.377	0.354	0.353	0.359	0.413	0.404	0.449	0.382	2.23

注：年均增长率计算公式为 $\sqrt[9]{\dfrac{E_{2017}}{E_{2009}}}-1$ 。

基于表4.1，采用几何平均法，得到东北、北部沿海、东部沿海、南部沿海、黄河中游、长江中游、西南和西北八大综合经济区技术研发效率，具体结果如表4.2所示。

表4.2　2009～2017年八大综合经济区技术研发效率

年份 地区	2009	2010	2011	2012	2013	2014	2015	2016	2017
东北	0.255	0.203	0.218	0.222	0.196	0.180	0.176	0.253	0.309
北部沿海	0.317	0.305	0.309	0.302	0.275	0.261	0.277	0.282	0.295
东部沿海	0.826	0.936	1.037	0.982	0.726	0.629	0.586	0.552	0.534
南部沿海	0.316	0.385	0.297	0.137	0.218	0.099	0.176	0.181	0.270
黄河中游	0.195	0.181	0.175	0.183	0.184	0.134	0.133	0.119	0.146
长江中游	0.230	0.230	0.258	0.229	0.273	0.297	0.317	0.337	0.408
西南	0.157	0.210	0.202	0.172	0.242	0.328	0.362	0.367	0.355
西北	0.209	0.179	0.228	0.179	0.137	0.161	0.228	0.230	0.318

根据各区域技术研发效率分布情况，并参照已有研究，将技术研发效率值分为高水平、中等水平、较低水平和低水平四类，具体分类区间如表4.3所示。

表4.3　技术研发效率类型划分标准

效率类型	效率值
$0.700 < TE1 \leqslant 1.600$	高水平
$0.500 < TE1 \leqslant 0.700$	中等水平
$0.200 < TE1 \leqslant 0.500$	较低水平
$0.000 < TE1 \leqslant 0.200$	低水平

1. 时序变化分析

（1）宏观层面。从宏观层面的时序变化来看，2009～2017年中国技术研发效率呈波动上升趋势，年均增长率达2.23%，全国平均技术研发效率为0.382，处于中下水平，科技创新活动的技术研发阶段投入产出存在不经济性。技术研发效率相对有效地区个数年际间起伏不定。样本考察期内有19个地区技术研发效率年均增长率大于零，最高增幅为33.74%；有11个地区年均增长率为负值，最高降幅为15.90%。

（2）中观层面。基于表4.2结果，可得到东北、北部沿海、东部沿海、南部沿海、黄河中游、长江中游、西南和西北八大综合经济区技术研发效率变动趋势，如图4.2所示。

从中观层面的时序变化来看，2009～2017年各综合经济区间的技术研发效率差异较大，不同区域其年际间变化也呈现不同趋势。总体来看，各经济区技术研发效率年均增长率排序为：西南＞长江中游＞西北＞东北＞北部沿海＞南部沿海＞黄河中游＞东部沿海。其中西南综合经济区位列第一，技术研发效率年均增长率达到 9.52%，长江中游综合经济区、西北综合经济区和东北综合经济区分别位于第二、第三和第四，其技术研发效率年均增长率分别为 6.60%、4.77% 和 2.16%；另外 4 个综合经济区技术研发效率年均增长率为负，技术研发效率有降低的趋势。

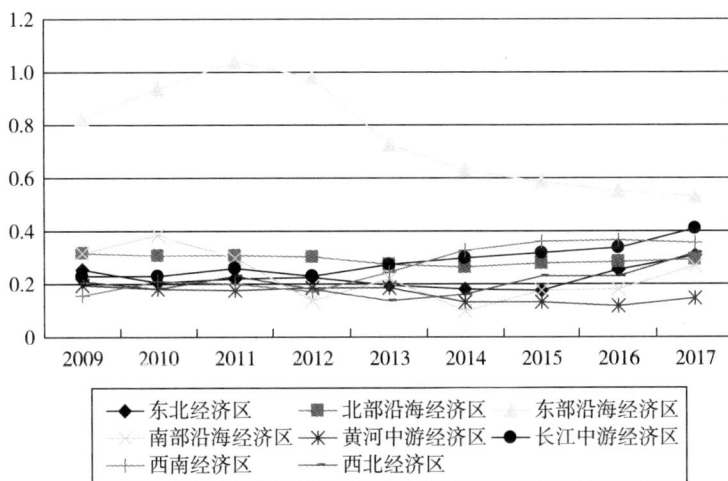

图 4.2　2009～2017 年八大综合经济区技术研发效率变动趋势

从效率值方面进行对比，各经济区技术研发效率平均值排序为：东部沿海 > 北部沿海 > 长江中游 > 西南 > 南部沿海 > 东北 > 西北 > 黄河中游。造成这些差异的原因可能是各区域在发展阶段、创新活动支持、创新政策引导、经济基础等方面均存在异质性。

（3）微观层面。从微观层面的时序变化来看，中国省域内技术研发效率差异明显。东北综合经济区中辽宁与黑龙江的技术研发效率较为接近，均在 0.20～0.35 波动，不同的是辽宁呈波动下降趋势，其技术研发效率年均降幅达 2.26%，而黑龙江呈较为平缓的波动上升趋势，其技术研发效率年均增长率为 0.53%；吉林的技术研发效率值处于东北末位，2009～2016 年均处于低水平状态并呈缓慢下降趋势，2015 年开始急剧上升至较低水平，年均增长率达 8.52%，但综合平均技术研发效率较低，为 0.158，仅占辽宁的 58.74% 和黑龙江的 55.05%。

北部沿海综合经济区中的北京在 2009～2017 年技术研发效率值均大于 1，一直保持在技术研发相对有效水平；天津技术研发效率在 0.35～0.50 波动，年际间变化较小，平均技术研发效率值在北部沿海经济区排名第二，在全国 30 个省份中排名第 10；河北与山东技术研发效率在 2009～2017 年均低于 0.2，处于低水平，其中河北技术研发效率平均值为 0.084，年际间变化平缓，年均增长率为 0.55%；山东技术研发效率均值为 0.135，9 年间呈波动下降趋势，年均降幅达 3.17%。

东部沿海综合经济区中的浙江在 2009～2017 年技术研发效率值均大于 1，一直保持在技术研发相对有效水平；上海技术研发效率波动较大，呈现急剧下降—缓慢上升的趋势，年均降幅达 5.83%，平均效率值为 0.691，处于中等水平；江苏技术研发效率年际间差异明显，除 2010 年处于高水平效率、2011 年和 2012 年实现相对有效外，其余年份技术研发效率值均低于 0.4，处于较低水平。

南部沿海综合经济区中广东技术研发效率最高，呈中等水平—较低水平—有效水平波动；福建技术研发效率变化较为平稳，年均增长率 0.26%，效率值在 0.2～0.3 波动，处于较低水平；海南技术研发效率值波动较大，从 0.272 的较低水平降至 0.087 的低水平，年均降幅达 11.9%。

黄河中游综合经济区中山西和河南等区域的技术研发效率

2009~2017年均低于0.2，在低水平状态中效率值起伏波动；内蒙古技术研发效率年际间波动较大，其中2013~2014年急剧下降，9年间效率值从0.228较低水平下降至0.048低水平；陕西技术研发效率在2009~2016年稳步上升，从较低水平逐步跨入高水平，而后急速下降，但效率值总体增长了152.27%。

长江中游综合经济区中湖北技术研发效率在前期缓慢下降后呈稳步增长趋势，2014年后均达到中等水平；湖南技术研发效率呈波动下降趋势，在2012年下降至波谷再缓慢回升；江西技术研发效率呈现出缓慢上升—急剧上升的趋势，2016年骤升至中等水平，2017年再次骤升实现相对有效；安徽技术研发效率则呈现倒U形变化趋势，平均效率值为0.381，处于较低水平。

西南综合经济区中广西、四川和云南的技术研发效率均呈现较为缓和的波动上升趋势，但效率值相差较大，广西整体处于低效率水平，四川整体处于中下效率水平，云南整体处于较低效率水平；重庆和贵州两地技术研发效率波动较大，波动幅度分别为0.203~1.006和0.074~1.034。

西北综合经济区中甘肃的技术研发效率无波动呈稳步上升趋势，年均增长率达8.94%，效率值从较低水平随时间逐步改善为中等水平；青海技术研发效率波动较大，2009年实现相对有效水平后骤降至较低水平并在较低水平与中等水平间波动，2015年其技术研发效率急剧上升实现相对有效，直至2017年一直处于相对有效水平；宁夏和新疆两地的技术研发效率均低于0.2，在0~0.2小幅波动，2009~2017年均处于低效率水平。

综合对比可以发现，仅北京与浙江技术研发效率始终维持在相对有效水平，上海、江苏、江西、广东、重庆、贵州和青海等地区偶有年份实现相对有效，且呈现时间相连或时间间隔较大的特征，说明科技创新活动一阶段的技术研发过程是漫长的，技术研发活动在一定时间内可能具有连锁效应，各省区市间的效率差异可能与地方政府支持及政策引导、产业发展侧重点以及科技创新基础等因素有一定的关系。

2. 空间演化分析

为进一步分析各省份技术研发效率的空间演变及地区差异，借助 ArcGIS10.5 软件，采用年际平均截断，选取了 2009 年、2013 年和 2017 年作为分析时间点，绘制中国 30 个省份技术研发效率的空间分布格局①，其中效率值划分为高水平、中等水平、较低水平和低水平四类。

基于空间分布格局演变的视角，在 9 年的演变过程中，科技创新活动一阶段的技术研发效率区域差异明显，效率水平分布具有一定的特征，综合对比可以发现，沿海地带技术研发效率普遍处于中等水平以上，整体效率水平高于其他区域，黄河中游经济区的技术研发效率普遍偏低。

具体如下：2009 年，技术研发效率高水平地区有 4 个，且均达到相对有效水平，其中 3 个区域分布在沿海的综合经济区，另外一个青海属于西北综合经济区；而技术研发效率低水平地区有10 个，分布在东北综合经济区、北部沿海综合经济区、黄河中游综合经济区、长江中游综合经济区、西南综合经济区和西北综合经济区。

2013 年，中国整体技术研发效率格局发生较大变化，技术研发效率高水平地区下降为 2 个，同样均达到相对有效水平，且都分布在沿海的综合经济区；技术研发效率中等水平地区上升至 3

---

① 图略，有需要的可向笔者索取。

个，上海从高水平行列转入中等水平行列，而陕西则从低水平行列上升为中等水平行列；技术研发效率较低水平地区下降至 12 个，多分布在西南综合经济区、东北综合经济区、西北综合经济区和长江中游综合经济区。

2017 年，技术研发效率高水平地区爆发式增加至 6 个，北京和浙江维持不变，青海再次回归高水平行列，新增了江西、广东、贵州等地区；技术研发效率低水平地区下降至 10 个，多集中于黄河中游综合经济区、北部沿海综合经济区和西北综合经济区。

（三）成果转化效率时空演变分析

利用 Super – SBM 模型，借助 MyDEA1.0 软件逐年测算 2009～2017 年中国 30 个省区市的科技创新活动二阶段的成果转化效率，得出各地区的成果转化效率结果如表 4.4 所示。根据数据包络分析法的经济含义，若效率值大于或等于 1，则说明决策单元在科技创新活动二阶段中位于生产前沿面，实现了科技创新成果投入和经济产出输出的最优化，该决策单元在该年度成果转化过程中的效率相对有效；若效率值小于 1，则说明投入和产出存在效率损失，该决策单元在该年度的成果转化效率相对无效，数值越小表明成果转化效率越低。

表 4.4　2009～2017 年中国 30 个省区市成果转化效率

年份 地区	2009	2010	2011	2012	2013	2014	2015	2016	2017	平均值	年均增长率（%）
北京	0.230	0.175	0.162	0.115	0.109	0.110	0.101	0.097	0.096	0.133	– 9.25
天津	1.248	1.189	1.023	1.184	1.127	1.026	0.330	0.286	0.200	0.846	– 18.41
河北	0.368	0.356	0.330	0.499	0.356	0.398	0.368	0.384	0.368	0.381	0.00

年份\地区	2009	2010	2011	2012	2013	2014	2015	2016	2017	平均值	年均增长率（%）
山西	0.330	0.456	0.225	0.304	0.156	0.150	0.127	0.097	0.278	0.236	−1.89
内蒙古	1.185	1.241	1.275	1.293	1.250	1.218	1.216	1.229	1.211	1.235	0.24
辽宁	0.208	0.230	0.293	0.300	0.202	0.179	0.176	0.213	0.208	0.223	0.00
吉林	0.348	0.188	0.356	0.494	0.452	0.437	0.380	0.476	0.278	0.379	−2.46
黑龙江	0.117	0.094	0.119	0.127	0.068	0.062	0.050	0.070	0.059	0.085	−7.32
上海	0.188	0.148	0.124	0.130	0.121	0.138	0.149	0.184	0.176	0.151	−0.73
江苏	0.625	0.380	0.347	0.270	0.163	0.172	0.191	0.220	0.240	0.290	−10.09
浙江	0.268	0.202	0.209	0.225	0.215	0.257	0.296	0.322	0.274	0.252	0.25
安徽	0.417	0.246	0.355	0.314	0.199	0.180	0.197	0.230	0.252	0.266	−5.44
福建	1.187	1.124	1.139	1.080	0.492	0.478	0.471	0.539	0.518	0.781	−8.80
江西	0.822	0.902	0.814	0.897	0.602	0.534	0.458	0.455	0.386	0.652	−8.06
山东	0.605	0.500	0.454	0.453	0.359	0.342	0.369	0.393	0.390	0.429	−4.76
河南	0.411	0.305	0.245	0.240	1.311	1.401	1.481	1.400	1.447	0.916	15.01
湖北	0.408	0.362	0.316	0.382	0.260	0.253	0.252	0.260	0.258	0.306	−4.96
湖南	0.320	0.292	0.436	0.486	0.509	0.485	0.486	0.519	0.469	0.445	4.34
广东	0.424	1.003	0.502	1.029	0.310	0.315	0.318	1.001	1.019	0.658	10.23
广西	1.128	1.305	1.396	1.487	1.375	1.238	1.083	0.821	0.309	1.127	−13.40
海南	1.014	0.253	0.506	0.738	1.008	1.051	1.088	1.122	1.102	0.876	0.93
重庆	0.307	0.256	0.354	0.254	0.118	0.232	0.351	0.332	0.364	0.285	1.91
四川	0.568	0.165	0.326	0.309	0.266	0.279	0.231	0.233	0.260	0.293	−8.32
贵州	1.489	1.066	0.599	0.595	0.359	0.313	0.215	0.252	0.260	0.572	−17.63
云南	0.313	0.264	0.330	0.313	0.241	0.209	0.131	0.120	0.157	0.231	−7.38
陕西	0.411	0.383	0.341	0.313	0.168	0.177	0.161	0.185	0.150	0.254	−10.60
甘肃	0.129	0.205	0.214	0.263	0.147	0.150	0.127	0.143	0.164	0.171	2.70
青海	0.009	0.002	0.031	0.027	0.061	0.084	0.267	0.523	0.311	0.146	48.23
宁夏	0.941	0.803	0.584	0.422	0.389	0.641	1.029	1.050	0.708	0.730	−3.11
新疆	0.035	0.053	0.164	0.006	0.039	0.039	0.446	1.138	1.281	0.356	49.18
全国	0.535	0.472	0.452	0.485	0.414	0.418	0.418	0.476	0.440	0.457	−2.16

注：年均增长率计算公式为 $\sqrt[9]{\dfrac{E_{2017}}{E_{2009}}} - 1$。

基于表4.4,采用几何平均法,得到东北、北部沿海、东部沿海、南部沿海、黄河中游、长江中游、西南和西北八大综合经济区成果转化效率,具体结果如表4.5所示。

表4.5 2009~2017年八大综合经济区成果转化效率

年份 地区	2009	2010	2011	2012	2013	2014	2015	2016	2017
东北	0.204	0.160	0.232	0.266	0.184	0.169	0.150	0.192	0.151
北部沿海	0.503	0.439	0.397	0.419	0.354	0.352	0.259	0.254	0.229
东部沿海	0.316	0.225	0.208	0.199	0.162	0.183	0.203	0.235	0.226
南部沿海	0.799	0.658	0.661	0.936	0.536	0.541	0.546	0.846	0.835
黄河中游	0.507	0.507	0.393	0.415	0.455	0.461	0.438	0.419	0.520
长江中游	0.460	0.391	0.447	0.478	0.355	0.330	0.324	0.345	0.329
西南	0.620	0.435	0.502	0.465	0.327	0.350	0.301	0.286	0.260
西北	0.079	0.065	0.159	0.065	0.108	0.133	0.353	0.547	0.464

根据各区域成果转化效率分布情况,并参照前文技术研发效率分类标准和已有研究,将成果转化效率值分为高水平、中等水平、较低水平和低水平四类,具体分类区间如表4.6所示。

表4.6 成果转化效率类型划分标准

效率值	效率类型
$0.700 < TE2 \leq 1.600$	高水平
$0.500 < TE2 \leq 0.700$	中等水平
$0.200 < TE2 \leq 0.500$	较低水平
$0.000 < TE2 \leq 0.200$	低水平

1. 时序变化分析

(1) 宏观层面。从宏观层面的时序变化来看,2009~2017

年中国成果转化效率呈波动下降趋势，年均降幅为2.16%，全国平均总体成果转化效率为0.457，接近中等水平，科技创新活动的成果转化阶段存在一定的投入冗余与产出低效等情况。2009~2017年成果转化效率相对有效地区数在4~6波动，2009~2010年实现成果转化效率相对有效的地区有6个。样本考察期内有12个地区成果转化效率年均增长率大于零，最高增幅49.18%；有18个地区成果转化效率年均增长率为负值，最高降幅为18.41%。

（2）中观层面。基于表4.5结果，可得到东北、北部沿海、东部沿海、南部沿海、黄河中游、长江中游、西南和西北八大综合经济区成果转化效率变动趋势，如图4.3所示。

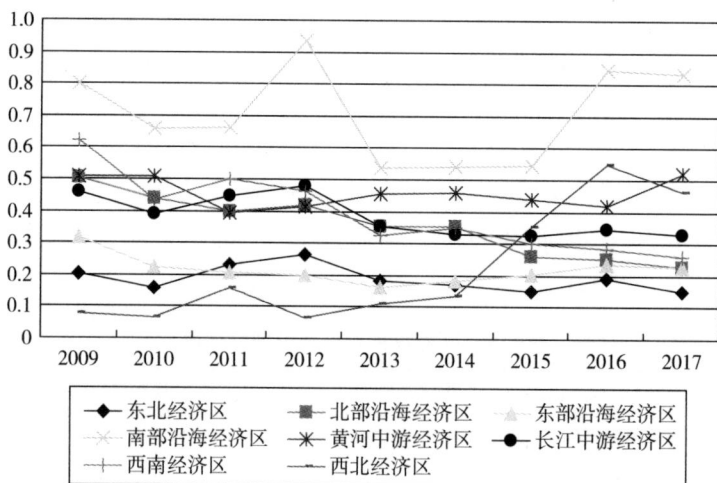

图4.3 2009~2017年八大综合经济区成果转化效率变动趋势

从中观层面时序变化来看，2009~2017年各综合经济区间的成果转化效率两极分化严重，且变化趋势差异明显。从平均增长率方面进行对比，样本考察期内有 3 个综合经济区成果转化效率年均增长率大于零，其中西北综合经济区位列第一，成果转化效率年均增长率达到 21.80%，南部沿海综合经济区和黄河中游综合经济区年均增幅较小，其成果转化效率年均增长率分别为 0.49% 和 0.28%；5 个综合经济区成果转化效率年均增长率为负，其中西南综合经济区降幅最大，达 9.20%。从效率值方面进行对比，东北综合经济区成果转化效率呈现缓慢下降—急剧上升—再缓慢下降的波动下降趋势，但基本处于低水平行列，在各综合经济区中居于末位；北部沿海综合经济区成果转化效率仅在 2012 年实现增长，其余年份均呈现稳步下降趋势，效率值从中等水平行列降至较低水平行列；东部沿海综合经济区成果转化效率呈现 U 形变化特征，2009~2013 年效率值从 0.316 的较低水平下降至 0.162 的低水平，而后又逐步上升至大于 0.2 的较低水平行列；南部沿海综合经济区成果转化效率年际间变化幅度较大，呈现急剧下降—急剧上升—再急剧下降—再急剧上升的波动趋势，效率值在中等水平与高水平间来回波动，2009~2017 年的平均成果转化效率为 0.706，处于高水平行列，在各综合经济区中居于首位；黄河中游综合经济区成果转化效率呈现快速下降—平稳上升—缓慢下降—快速上升的变化特征，效率值在 0.4~0.55 内波动，2009~2017 年的平均成果转化效率逐渐接近中等水平；长江中游综合经济区成果转化效率呈现缓慢下降—缓慢上升—缓慢下降—再缓慢上升—再缓慢下降的波动下降趋势；西南综合经济区成果转化效率变化幅度较大，呈现急剧下降—上升—急剧下降—缓慢下降的波动下降趋势，整体处于较低水平；西北综合经济区成果转化效率起伏变化较大，且随着时间的推移效率值逐渐得到改善，呈现上升—下降—缓慢上升—急剧上升—缓慢下降的趋势，2009~2017 年的平均成果转化效率为 0.219，整体处于较低水平。

总体来看，各经济区成果转化效率年均增长率排序为：西北 > 南部沿海 > 黄河中游 > 东部沿海 > 长江中游 > 东北 > 北部沿海 > 西南。各经济区成果转化效率平均值排序为：南部沿海 > 黄河中游 > 西南 > 长江中游 > 北部沿海 > 西北 > 东部沿海 > 东北。这些差异与各区域的经济基础、成果转化环境、创新活动支持等因素有着一定的关系。

（3）微观层面。从微观层面的时序变化来看，中国省域间成果转化效率同样存在明显差异。东北综合经济区中吉林成果转化效率最高，2009~2017 年的平均成果转化效率为 0.379，年际间呈现波动较大的下降趋势，年均降幅为 2.46%；辽宁成果转化效率年际间波动较小，整体在 0.2 左右范围内波动，均处于较低水平；黑龙江成果转化效率呈现较为平缓的波动下降趋势，9 年间均处于低水平行列，2009~2017 年的平均成果转化效率为 0.085，在全国各省份中居于末位。

北部沿海综合经济区中天津成果转化效率最高，2009~2017 年的平均成果转化效率为 0.846，处于高水平行列，但年际间两极分化严重，2009~2014 年均处于相对有效水平，2015 年骤降至较低水平，2017 年持续下降至低水平，年均降幅为 18.41%；山东成果转化效率呈现急剧下降—缓慢下降—缓慢回升的波动下降趋势，2009~2017 年的平均成果转化效率为 0.429，从中等水平逐步下降至较低水平；河北成果转化效率变化较为平稳，效率值在 0.35~0.50 波动；北京成果转化效率呈现出稳步下降趋势，2009~2017 年的平均成果转化效率为 0.133，整体效率水平不高。

东部沿海综合经济区中江苏成果转化效率变化幅度最大，呈现出急剧下降—缓慢下降—缓慢上升的趋势，2009~2017 年的平均成果转化效率为 0.290，处于较低水平；浙江和上海的成果转化效率年际间变化较小，浙江的效率值在 0.20~0.33 小幅波动，上海的效率值在 0.12~0.19 小幅波动。

南部沿海综合经济区中海南成果转化效率波动幅度最大，呈现急剧下降—急剧上升—平稳的趋势，效率值从相对有效水平骤降至较低水平，而后迅速回升至中等水平，再迅速上升至高水平，最后维持在有效水平，2009~2017 年的平均成果转化效率为 0.876，处于高水平行列；其中广东成果转化效率波动幅度也相对较大，在较低水平和相对有效水平间起伏；而福建成果转化效率变化跨度略小于广东和海南，呈现平稳—急剧下降—缓慢下降—缓慢回升的波动趋势，2009~2017 年的平均成果转化效率为 0.781，处于高水平行列。

黄河中游综合经济区中内蒙古成果转化效率最高，2009~2017 年成果转化效率值均大于 1，一直保持在成果转化相对有效水平，平均效率值达 1.235，在全国各省区市中居于首位；河南成果转化效率整体处于高水平，2009~2017 年的平均成果转化效率为 0.916，但年际间两极分化严重；山西和陕西的成果转化效率较为接近，均呈现由较低水平下降至低水平的波动趋势，整体效率值处于较低水平。

长江中游综合经济区中江西成果转化效率波动幅度较大，9 年间的平均成果转化效率仅为 0.652，效率值从较高水平逐渐下降到中等水平；湖南成果转化效率呈较为平缓的波动上升趋势，由较低水平波动上升至中等水平；湖北成果转化效率变动幅度较小，效率值在 0.25~0.41 波动下降；安徽成果转化效率呈现出急剧下降—急剧上升—缓慢下降—再缓慢回升的波动下降趋势。

西南综合经济区中广西的成果转化效率最大，2009～2015年成果转化效率值均大于1，一直保持在成果转化相对有效水平，但从2016年急剧下降，波动幅度巨大，年均降幅达13.40%；贵州成果转化效率呈现急剧下降—缓慢下降—缓慢上升的趋势，2009～2017年的平均成果转化效率为0.572，整体处于中等水平；四川成果转化效率在2009～2011年波动较大，由中等效率水平骤降至低效率水平，其后波动较小；重庆和云南的成果转化效率较为接近，分别在0.11～0.37和0.12～0.33波动，不同的是重庆呈U形波动趋势，其成果转化效率年均降幅为1.91%，而云南呈波动下降趋势，其成果转化效率年均降幅为7.38%。

西北综合经济区中宁夏的成果转化效率最大，呈现先急剧下降后急剧上升的U形变化趋势，效率值由高水平逐步降至较低水平后又逐步上升至相对有效水平，2009～2017年的平均成果转化效率为0.730，整体处于高效率水平；新疆成果转化效率波动幅度最大，从2016年起骤升至相对有效水平，其成果转化效率年均增长率达49.18%；甘肃成果转化效率波动较为平稳，在0.12～0.27区间内波动；青海成果转化效率呈现平稳—急剧上升—急剧下降的上升趋势，2009～2017年的平均成果转化效率为0.146，整体处于低水平。

综合对比可以发现，仅内蒙古成果转化效率始终维持在相对有效水平，其余有达到过相对有效水平的地区，如天津、福建、河南、广东、海南、贵州、宁夏和新疆，其成果转化效率实现相对有效水平的年份存在连续性，说明科技创新活动二阶段的成果转化在一定时间内具有连续性，成果转化活动可能存在集中转化的特征。

2. 空间演化分析

为进一步分析各省份成果转化效率的空间演变及地区差异，借助 ArcGIS10.5 软件，采用年际平均截断，选取了 2009 年、2013 年和 2017 年作为分析时间点，绘制中国 30 个省区市成果转化效率的空间分布格局①，其中效率值划分为高水平、中等水平、较低水平和低水平四类。

基于空间分布格局演变的视角，在 9 年考察期的演变过程中，中国各地区科技创新活动二阶段的成果转化效率差异明显，具体如下：2009 年，成果转化效率高水平地区有 8 个，其中 6 个达到相对有效水平，零散分布在除东北综合经济区和东部沿海综合经济区外的其余 6 个综合经济区中；成果转化效率中等水平地区有 3 个，分别分布在北部沿海综合经济区、东部沿海综合经济区和西南综合经济区；成果转化效率较低水平地区有 14 个，多分布在黄河中游综合经济区、长江中游综合经济区、东北综合经济区和北部沿海综合经济区；成果转化效率低水平地区有 5 个，其中 3 个分布在西北综合经济区。

2013 年，成果转化效率高水平地区下降至 5 个，效率值均达到相对有效水平，在地理空间分布上较为零散，原处于高效率水平的贵州、江西和宁夏分别下降至较低水平、中等水平和较低水平；成果转化效率中等水平地区下降至 2 个，均位于长江中游综合经济区，与 2009 年相比区域分布变化较大。

2017 年，各地区成果转化效率空间格局变化较大，成果转化效率高水平地区上升至 6 个，较 2013 年地理空间分布变化较大，原处于较低水平行列的宁夏和广东两地效率值均上升至高水平行

---

① 图略，有需要的可向笔者索取。

列，而原处于高水平行列的天津和广西两地效率值均下降趋势较明显，新疆的成果转化效率跨入高水平行列；成果转化效率较低水平地区上升至 16 个，多增加在长江中游综合经济区；成果转化效率低水平地区下降至 7 个，在地理空间分布上较为零散，分别分布在东北综合经济区、北部沿海综合经济区、东部沿海综合经济区、黄河中游综合经济区、西北综合经济区和西南综合经济区。

综合对比可以发现，随着国家对科技创新的重视，科技成果转化率整体提高，其中沿海以及靠近边境的地区成果转化效率普遍较高，而中心内陆地区效率值大多处于较低水平和低水平，西北综合经济区内成果转化效率值两极分化最为严重。

二、科技创新能力与生态效率关系的评价指标体系[①]

生态效率能够评价一个区域生态经济发展状况，本章首先通过投入产出指标分析建立合适的生态效率及科技创新能力评价指标体系（见图 4.4）。进行全国 30 个省份（由于数据的可获取性，分析时剔除了西藏、香港、澳门、台湾）的生态效率计算以及对我国科技创新能力进行评价；将创新与生态效率指标结合进

---

① 本节选自：莫寓琪. 生态效率与创新能力的耦合关系研究［D］. 南昌大学硕士学位论文，2017.

行耦合协调度的静态、动态分析，探究科技创新水平对我国生态效率的影响。

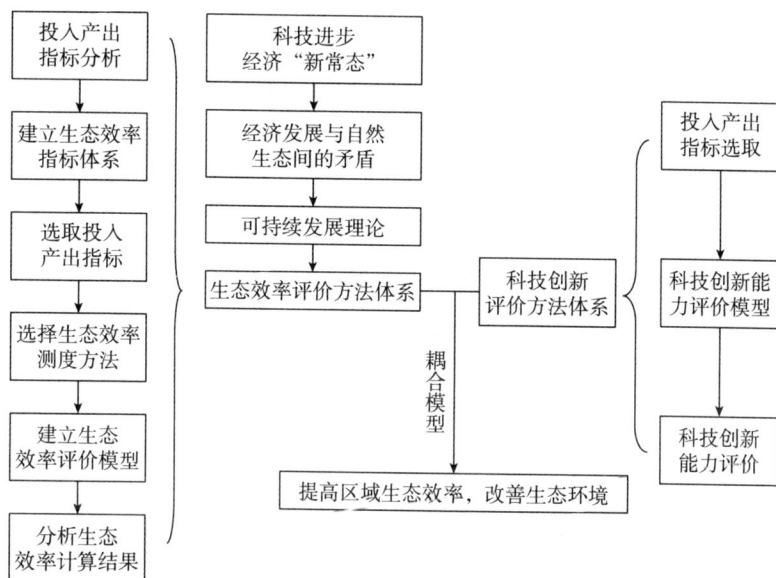

图4.4 生态效率与科技创新能力评价框架结构图

（一）指标分析与方法选择

1. 生态效率

根据前人对生态创新效率的内涵研究，测度指标主要包括投入产出两个方面，但是与上文绿色创新效率不同的是，生态效率的产出指标主要指经济发展程度，而绿色创新效率中的"工业'三废'"非期望产出作为投入指标的一种——环境指标而存在。

（1）投入指标，包括环境指标和资源指标。

1）环境指标方面，借鉴德国在环境经济账户中设计的土地、能源、水、原材料、温室气体和酸性气体 6 个宏观层次的生态效率指标和国内相关生态效率指标研究成果，共遴选 3 项环境影响指标。即代表环境指标的废水排放总量（万吨）、SO_2 排放量（万吨）工业固体废物排放量（万吨）。

2）资源指标方面，选取具有代表性的三个资源消耗性指标，能源消费总量（万吨标准煤）、用水总量（立方米）及建设用地面积（平方公里）。

（2）产出指标，主要是指输出的经济指标，用地区 GDP（亿元）表示。地区生产总值是衡量一个地区经济发展水平的重要指标。

2. 科技创新能力

科技既包含科学又涵盖技术。本书界定的科学是指知识创新，是创新主体通过创新性的科学研究，获得新的基础性与科学性知识的过程。知识投入及生产能力是实现知识创新的前提基础，主要包括科技经费投入、教育水平普及程度、科技人才投入等方面。知识传播及分配能力是知识创新成果扩散的路径，主要通过图书、报纸等方式传播。知识创新应用及产出能力是指在一定创新投入的前提下能为社会提供的科学新发现、新技术并能转化为社会生产力的一系列创新成果，主要表现在发表科技论文篇数、专利授权量等方面。

技术创新主要从技术转化及应用能力以及技术创新绩效两方面进行评价。知识创新是技术创新的支撑，在创新技术转化以及应用方面，可以通过技术市场成交额、工人技术水平（即技术人员/从业人员）、技术输出合成就金额、实际利用外资额四个指标表示。技术创新绩效是对技术创新的成果所产生的效益评价，主要通过高技术产品出口总额，高级技术产业规模以上企业产值，工业利润增加值三个指标表示。

3．研究方法

生态效率概念自 1990 年提出以来，不同尺度、不同领域的生态效率就引起了国内外学者的广泛兴趣，研究成果丰富。在研究方法上，根据各国学者的大量研究和探索，生态效率的评价方法主要有灰色评价、模糊综合评价、TOPSIS、人工神经网络评价、层次分析、数据包络分析 6 种。

上述几种评价方法虽然都能用于生态效率评价，却存在着自身评价的优势与劣势。各评价方法比较如表 4.7 所示。

表 4.7　综合评价方法比较

序号	方法	优点	缺点	实用性
1	灰色评价法	对数据量没有要求，数据多少都可以分析，计算简单，通俗易懂	要求样本数据具有时间序列特性	在系统数据资料较少和条件不满足统计要求的情况下更具实用性
2	模糊综合评价法	数学模型简单，容易掌握，应用广泛，对多层次、多因素的复杂问题评价效果较好	评价人数不能太少，评价者必须对被评价事物在专业方面有相当深的了解	基于模糊综合评价方法能较好地解决综合评价中的模糊性的特性
3	TOPSIS 评价法	对数据分布及样本量、指标多少无严格限制；无论是空间还是时间都能进行评价，应用范围广；对原始数据的利用较充分，信息损失较少	权重是事先确定的主观值；只能反映各评价对象内部的相对接近程度	适于指标数与对象数较少时，用于部门整体评价、效益评价等
4	人工神经网络评价法	求解问题效率高、运算速度快、适应面宽、自学能力强，能够较好地模拟评价专家综合评价的过程	需要大量的训练样本，计算精度不高，应用范围有限	适于知识复杂、微观认识不完备的领域

序号	方法名称	优点	缺点	实用性
5	层次分析法	便于整理思路，思路清晰，结构严谨；具有较好的客观性、科学性和实用性	当标度工作量太大（因素超过9个）时，易引起标度专家的反感及判断的混乱	适于具有定性的，或兼有定性和定量的决策分析
6	数据包络分析法	不需要假设权重，每个输入、输出的权重都是由决策单元的实际数据求得，而不是评价者的主观认定，具有较强的客观性	结果为相对发展指标，无法表示评价单元的实际发展水平	能对多输入和多输出部门的相对有效性作出评价

综合比较各评价方法，可以将确定权重的方法分为主观定权法和客观定权法，主观定权法过于依赖人的主观判断，主观性较强，而数据包络法（DEA）适用于多投入、多产出的决策单元（DMU）的效率评价，且排除了主观因素，使结果更具有客观性。另外，数据包络分析法可以得出每个决策单元的综合效率指标，并将各决策单元排定次序，同时确定决策单元的有效程度以及其他决策单元非有效的原因和程度。综合考虑上述因素，本章选取 DEA 方法进行区域的生态效率评价，评价步骤如下：

第一步：建立生态效率评价指标体系，测算生态效率。由于传统的 DEA 模型无法考虑松弛变量的影响，会出现存在多个效率为1的有效 DUM 的现象，因此利用修正松弛变量的 Super - SBM 模型对地区生态效率进行测算。由于生态效率同时考虑投入的最小化与产出最大化，因此使用导向模型中的可变规模报酬模型测算生态效率，其表达式如下：

$$\rho = \min \frac{1 - \dfrac{1}{m}\sum_{i=1}^{m}\dfrac{S_i^-}{x_{i_0}}}{1 + \dfrac{1}{s_1 + s_2}\left(\sum_{r=1}^{s_1}\dfrac{S_r^g}{y_{r_0}^g} + \sum_{r=1}^{s_2}\dfrac{S_r^b}{y_{r_0}^b}\right)} \tag{4.1}$$

$x_0 = X\lambda + S^-$，$y_0^g = Y^g\lambda - S^g$，$y_0^b = Y^b\lambda + S^b$

$S^- \geqslant 0$，$S^g \geqslant 0$，$S^b \geqslant 0$，$\lambda \geqslant 0$

式中，向量 S^-、S^g 和 S^b 分别表示投入松弛量、期望的产出松弛量与非期望产出的松弛量，λ 为权重向量。就特定 DMU 而言，当且仅当 $\rho \geqslant 1$ 且 S^-、S^g 和 S^b 均为 0 时，该 DMU 为有效；若 $\rho < 1$，则说明该 DMU 无效。

第二步：建立科技创新能力评价指标体系，利用因子分析法获得各省区市科技创新能力综合得分。因子分析法是一项基于数据的相关关系进行分析的技术，对多个观测数据进行降维处理，本质是将多个指标归纳为一个综合指标。在提取公共因子前，需要采用 KMO 和巴特利特球形方法对样本进行适合度检验，结果显示 2009～2018 年 Bartlett 球形检验的显著概率均为 0，KMO 值均大于 0.5，因此指标数据适合作因子分析。

因子分析法就是根据各评价指标的内在关联将众多的变量分解为公共因子和独特因子，在尽可能保存原有资料信息的前提下用较少的维度表示原来的数据结构，以少数因子来概括和揭示错综复杂的社会经济现象。因子分析原理及数学模型如下：

假设 σ 个可能存在相关关系的变量 Z_1，Z_2，$\cdots$，Z_σ 含有 p 个独立的公共因子 F_1，F_2，$\cdots$，F_p（$\sigma \geqslant p$），每个变量 Z_i 含有特殊因子 U_i（$i = 1$，2，$\cdots$，σ），诸特殊因子 U_i 间互不相关，且与 F_j（$j = 1$，2，$\cdots$，p）也互不相关，每个 Z_i 可由 p 个公共因子和

自身对应的特殊因子 U_i 线性组合，即

$$Z_1 = \alpha_{11}F_1 + \alpha_{12}F_2 + \cdots + \alpha_{1p} + c_1U_1$$

$$Z_2 = \alpha_{21}F_1 + \alpha_{22}F_2 + \cdots + \alpha_{2p} + c_2U_2$$

$$\vdots$$

$$Z_\sigma = \alpha_{\sigma 1}F_1 + \alpha_{\sigma 2}F_2 + \cdots + \alpha_{\sigma p} + c_\sigma U_\sigma \qquad (4.2)$$

简记为：

$$Z_\sigma = \quad A \quad\quad F + \quad C \quad\quad U$$
$$(\sigma \times 1) \quad (\sigma \times p)(p \times 1)(\sigma \times \sigma)(\sigma \times 1) \qquad (4.3)$$

其中，A 为因子载荷矩阵，元素 α_{ij} 表示第 i 个变量 Z_i 在第 j 个公共因子 F_j 上的载荷，简称因子载荷。

第三步：按照特征值大于 1 的原则提取出两个主因子，两个主因子的方差贡献率分别为 49.018% 和 32.865%，累计方差贡献率为 81.882%，说明两因子是有效的。因此，本书提取两个因子来评价 2009 ~ 2018 年 30 个省区市科技创新能力。根据成分得分系数矩阵可以得到每个主因子的具体得分，由此可以得出 30 个省区市 2009 ~ 2018 年创新能力综合得分。

第四步：利用耦合协调度函数对生态效率和科技创新能力进行耦合。为避免数据中出现 0，进行如下调整：

正功效函数：

$$M'(m_{ij}) = 0.9 \times \frac{x_{ij} - \sigma_{ij}}{\mu_{ij} - \sigma_{ij}} + 0.1 \qquad (4.4)$$

负功效函数：

$$M'(m_{ij}) = 0.9 \times \frac{\mu_{ij} - x_{ij}}{\mu_{ij} - \sigma_{ij}} + 0.1 \qquad (4.5)$$

第五步：根据物理学中的容量耦合的概念，创新与生态效率的耦合度函数可表示为：

$$C_v = \left\{ \frac{EK}{\left[\frac{E+K}{2}\right]^2} \right\}^{\frac{1}{n}} \tag{4.6}$$

其中，C_v 为协调度，$0 \leqslant C_v \leqslant 1$；$E$ 表示生态效率综合指数；K 表示创新综合指数；n 为调节系数（$n \geqslant 2$），本书中 $n = 2$。C_v 是正向衡量指标，反映创新与生态发展的协调程度。虽然 C_v 可以表示生态效率与创新的协调关系，但 C_v 可能会高估生态效率与科技创新水平的协调度，因此本书采用耦合协调度函数进一步判断生态效率与科技创新能力的协调程度，耦合协调度函数如下：

$$H = \sqrt{C_v T} \tag{4.7}$$

$$T = \alpha E + \beta K \tag{4.8}$$

其中，H 表示协调发展度；T 表示生态效率和创新水平综合评价指数；α、β 表示权数。生态效率与创新同等重要，因此 α、β 分别取 0.5。

（二）评价指标体系的构建与数据来源

1. 生态效率指标体系构建

在结合中国的实际情况并且在借鉴前人优秀成果的基础上，将计算生态效率的投入指标分为环境指标和资源指标，其中环境指标包括废水排放总量、SO_2 排放量和工业固体废物排放量，资源指标包括能源消费总量、用水总量和建设用地面积，产出指标为地区 GDP，如表 4.8 所示。

表4.8　地区生态效率评价指标体系

		指标类别	指标构成	单位
投入指标	环境指标	废水排放	废水排放总量	10 万吨
		废气排放	SO_2 排放量	10 万吨
		固废排放	工业固体废物排放量	10 万吨
	资源指标	能源消耗	能源消费总量	万吨标准煤
		水资源消耗	用水总量	立方米
		土地消耗	建设用地面积	平方公里
产出指标	经济指标	经济发展总量	地区 GDP	亿元

2. 科技创新能力指标体系构建

本书将科技创新能力分为知识创新能力和技术创新能力两个方面。知识创新能力包括知识投入及生产能力、知识传播及分配能力、知识应用及产出能力；技术创新能力包括技术转化及应用能力、技术创新绩效。基于科学性和系统性的原则，最终选取了16 个指标评价各个省份的地区科技创新能力，具体评价指标如表4.9 所示：

表4.9　科技创新能力评价指标体系

目标层（A）	准则层（B）	子准则层（C）	指标层（D）	单位
科技创新能力（A）	知识创新能力（B_1）	知识投入及生产能力	万人拥有大学生数	人
			R&D 人员全时当量	人年
			R&D 投入占 GDP 比重	%
		知识传播及分配能力	公共图书馆藏书量	万册
			研究与开发机构数	个
			报纸发行量	亿印张
			图书发行量	亿印张
		知识应用及产出能力	发表科技论文	篇
			专利授权量	件

续表

目标层（A）	准则层（B）	子准则层（C）	指标层（D）	单位
科技创新能力（A）	技术创新能力（B₂）	技术转化及应用能力	技术市场成交额	亿元
			技术输出成交金额	亿元
			实际利用外资额	万美元
		技术创新绩效	高级技术产业规模以上企业产值	亿元
			工业利润增加值	亿元

3. 研究数据来源

本章数据主要来源于《中国统计年鉴》、《中国环境统计年鉴》、《中国科技统计年鉴》等，部分缺失数据来源于各省份的统计公报。出于数据的完整性，剔除西藏、香港、澳门、台湾，以中国 30 个省份为研究样本，计算 2009～2018 年的生态效率、科技创新水平和耦合协调度。

三、生态效率和科技创新能力测算结果及分析[①]

（一）生态效率测算结果及分析

根据传统意义上对东中西部的划分主要是依据经济发展水平，次要才是结合了地理位置的界定。我国东部是指最早实行了沿海开放政策、经济发展水平较高的省份；中部地区则是指经济

---

① 本节作者为王娟。

发展次于东部的省份；西部就自然是指经济发展处于全国低水平层次的欠发达省份。研究中三大区域所包含的具体省份为：东部地区包括北京、天津、河北、辽宁、上海、江苏、浙江、福建、山东、广东和海南 11 个省市；中部地区包括山西、内蒙古、吉林、黑龙江、安徽、江西、河南、湖北、湖南、广西 10 个省区；西部地区包括四川、重庆、贵州、云南、西藏、陕西、甘肃、青海、宁夏、新疆 10 个省份。

按照上述介绍的生态效率水平的评价模型，利用 DEAP Solver Pro5.0 软件通过修正松弛变量的 Super – SBM 模型对我国 2009 ~ 2018 年除西藏、香港、澳门、台湾外的 30 个省份的数据进行生态效率测算。评价结果如表 4.10 所示。

表 4.10   2009 ~ 2018 年我国各省份生态效率

年份 地区	2009	2010	2011	2012	2013	2014	2015	2016	2017	2018
北京	1.877	1.953	1.888	1.927	1.989	1.839	2.751	2.185	1.868	2.154
天津	1.085	1.078	1.151	1.120	1.112	1.113	1.100	1.104	1.076	1.081
河北	0.497	0.460	0.497	0.474	0.429	0.389	0.332	0.283	0.244	0.238
山西	0.443	0.441	0.516	0.414	0.383	0.354	0.302	0.225	0.235	0.239
内蒙古	1.005	0.348	0.334	0.321	0.319	0.310	0.353	0.234	0.217	0.227
辽宁	0.343	0.311	0.308	0.299	0.292	0.279	0.246	0.201	0.179	0.182
吉林	0.319	0.303	0.313	0.306	0.307	0.304	0.263	0.211	0.181	0.178
黑龙江	0.322	0.297	0.275	0.261	0.263	0.257	0.231	0.142	0.126	0.125
上海	0.723	0.685	0.693	0.646	0.617	0.663	0.549	1.025	1.018	1.014
江苏	1.058	1.061	1.045	1.055	1.057	1.073	1.568	1.026	1.052	1.045
浙江	1.033	1.035	1.027	1.024	1.006	1.012	1.007	1.021	1.047	1.049
安徽	0.413	0.414	0.406	0.392	0.382	0.388	0.361	0.278	0.267	0.283
福建	1.053	1.037	1.035	1.033	1.043	1.050	1.016	1.019	1.021	1.030
江西	0.431	0.424	0.434	0.416	0.402	0.408	0.361	0.276	0.251	0.246

续表

年份 地区	2009	2010	2011	2012	2013	2014	2015	2016	2017	2018
山东	1.107	1.081	1.091	1.089	1.093	1.086	0.540	1.070	1.049	1.017
河南	0.617	0.610	0.583	0.562	0.544	0.605	0.473	0.515	0.547	0.549
湖北	0.412	0.416	0.441	0.455	0.480	0.486	0.462	0.420	0.391	0.413
湖南	0.408	0.425	0.498	0.578	1.141	0.643	1.000	0.727	0.482	0.356
广东	1.313	1.265	1.313	1.284	1.303	1.322	1.196	1.418	1.383	1.390
广西	0.338	0.330	0.372	0.336	0.331	0.336	0.306	0.241	0.217	0.206
海南	2.986	3.035	3.407	3.391	3.222	3.188	2.680	2.256	2.251	2.091
重庆	0.462	0.460	0.478	0.605	0.597	0.520	0.475	0.475	0.450	0.436
四川	0.450	0.459	0.482	0.492	0.480	0.478	0.408	0.360	0.385	0.384
贵州	0.425	0.438	0.428	0.415	0.461	0.446	0.521	0.344	0.278	0.283
云南	0.459	0.433	0.387	0.424	0.594	0.480	0.397	0.324	0.311	0.311
陕西	1.026	1.028	1.063	1.047	1.032	1.020	0.645	0.401	0.343	0.342
甘肃	0.467	0.439	0.396	0.370	0.364	0.362	0.298	0.226	0.197	0.201
青海	1.344	1.393	1.387	1.403	1.351	1.345	1.444	1.351	1.458	1.441
宁夏	0.314	0.360	0.350	0.356	0.340	0.357	1.018	0.223	0.197	0.200
新疆	0.305	0.304	0.310	0.274	0.256	0.262	0.237	0.130	0.128	0.134

　　从各个省份来看，海南作为中国的经济特区、自由贸易试验区，其2009年以来的生态效率始终保持在2.091以上；其次是北京的生态效率在2009~2018年均保持在1.8以上，一直处于超效率状态；此外，在研究期间始终保持单元有效状态的地区有天津（均值也在1.078以上），江苏、浙江、福建、广东、山东、青海等经济发展水平较高的省份，有处于华东地区的，也有处于经济状态并不发达的中部地区的。

　　从时间上看，内蒙古在2009年的生态效率为1.005，处于有效状态，但2010年及之后的生态效率急剧下降到0.3左右，属于严重弱有效状态，可能的原因是内蒙古自然资源的退化、科技资源和人才的缺乏使得生态效率低下，同属于该种类型的西部地区还有辽宁、吉林和黑龙江。中部地区生态效率则较高一些，其中江西属于国家生态示范省，在生态环境方面做出了杰出的成绩，但经济发展水平还欠发达（见图4.5）。

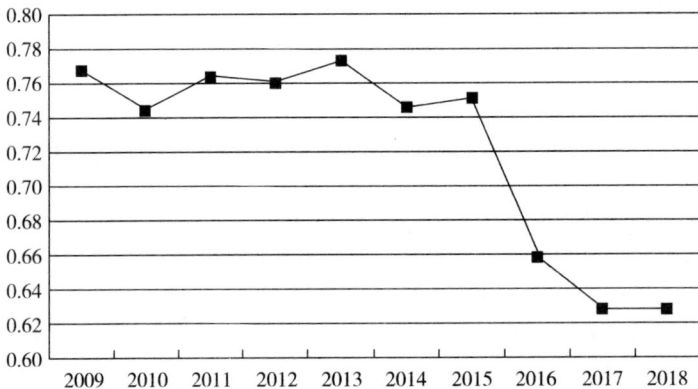

图4.5　2009～2018年全国生态效率折线

从全国整体来看，2009～2018年，2015年之前的生态效率均值都在0.74以上，属于中上等效率发展水平。从图4.5中可以清楚地看到2015年生态效率呈现直线下降趋势，在2017年、2018年达到平稳的低效率状态。究其原因，有专家认为改革开放40多年以来，中国经济一直处于持续的高速增长阶段，在实际意义上创造了令世界惊叹的"中国奇迹"。但同时快速恶化的环境问题进一步成为了制约中国经济发展的重要因素。转变经济发展方式、推动产业结构转型升级实现较高的经济效率成为摆脱当前经济困境的关键之路。而经济从高速增长转变为高质量发展的真正节点是自2016年开始中国经济发展速度已放缓至较低水平。

图 4.6 显示，全国各省份在研究期内的生态效率均值中海南遥遥领先，稳居全国第一，排名第二的为北京，其余华东各省同样处于各种资源的聚集地，总体来看，以经济发展为期望产出的生态效率，东部地区高于中部地区，中部地区又高于西部地区。

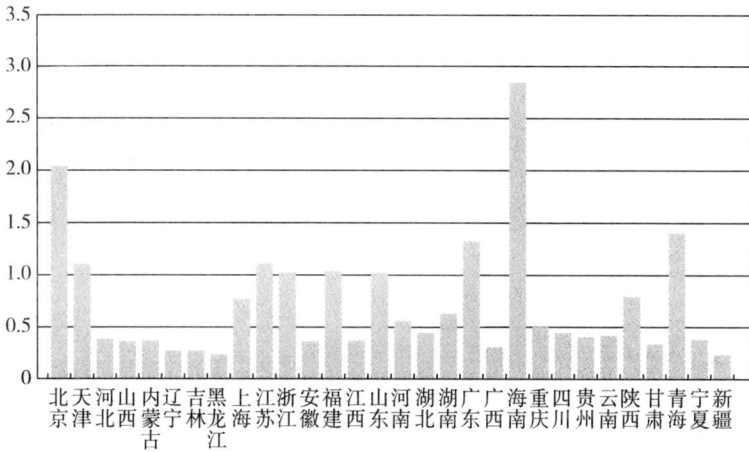

图 4.6　2009～2018 年全国各省份生态效率柱状图

（二）科技创新能力测算结果及分析

因子分析法要求所选原始指标之间有一定的相关性，所以在提取公共因子之前，采用 KMO 和巴特利特球形方法对样本进行适合度检验，从而决定是否适用因子分析。由表 4.11 可知，2009～2018 年 Bartlett 球形检验的显著概率均为 0，KMO 值均大于 0.5，因此指标数据均适合作因子分析。

表 4.11　2009~2018 年 KMO 和 Bartlett 球形检验结果

指标　　　年份	2009	2010	2011	2012	2013	2014	2015	2016	2017	2018
KMO 检验	0.775	0.749	0.70	0.76	0.73	0.764	0.71	0.8	0.839	0.73
Bartlett 球形检验	0.00	0.00	0.00	0.00	0.00	0.00	0.00	0.00	0.00	0.00

　　限于篇幅，本书只列举了 2009 年的因子分析结果。从表 4.12 可以看出，按照特征值大于 1 的原则，提取了两个主因子。这两个主因子的方差贡献率分别为 45.595% 和 38.151%，累计方差贡献率为 83.747%，也就是说两个因子可以解释原指标信息的 83.747%，解释了数据的大部分信息。因此，本书提取两个因子来评价 2009~2018 年 30 个省区市的科技创新能力。

表 4.12　2009~2018 年全国各省份科技创新能力综合得分

地区　　　年份	2009	2010	2011	2012	2013	2014	2015	2016	2017	2018
北京	0.4146	0.3303	0.3450	0.3905	0.4164	0.4112	0.3894	0.4110	0.4539	0.4292
天津	0.1289	0.1276	0.1347	0.1527	0.1626	0.1615	0.1619	0.1469	0.1404	0.1246
河北	0.0715	0.0756	0.0793	0.0875	0.0991	0.0886	0.0839	0.0929	0.1120	0.0848
山西	0.0624	0.0628	0.0665	0.0680	0.0757	0.0712	0.0637	0.0607	0.0647	0.0478
内蒙古	0.0405	0.0403	0.0455	0.0539	0.0584	0.0547	0.0493	0.0510	0.0470	0.0326
辽宁	0.1598	0.1699	0.1847	0.2282	0.2175	0.1995	0.1382	0.1401	0.1487	0.1023
吉林	0.0791	0.0764	0.0765	0.0781	0.0862	0.0852	0.0696	0.0802	0.0741	0.0403
黑龙江	0.0956	0.0978	0.0993	0.1014	0.1091	0.1047	0.0979	0.0901	0.0918	0.0516
上海	0.2478	0.2520	0.2522	0.2767	0.2942	0.2805	0.2663	0.2804	0.2849	0.2559
江苏	0.2637	0.3037	0.3466	0.4025	0.4195	0.3743	0.3626	0.3741	0.3921	0.3345
浙江	0.1815	0.1899	0.2046	0.2833	0.2632	0.2446	0.2577	0.2540	0.2670	0.2500
安徽	0.0784	0.0867	0.0980	0.1180	0.1366	0.1307	0.1280	0.1346	0.1416	0.1287
福建	0.0774	0.0828	0.0922	0.1075	0.1152	0.1096	0.1086	0.1153	0.1223	0.1089

地区＼年份	2009	2010	2011	2012	2013	2014	2015	2016	2017	2018
江西	0.0636	0.0688	0.0660	0.0694	0.0808	0.0796	0.0780	0.0865	0.0954	0.0864
山东	0.1877	0.2037	0.2210	0.2435	0.2666	0.2382	0.2336	0.2389	0.2552	0.2368
河南	0.0969	0.1040	0.1158	0.1286	0.1392	0.1308	0.1297	0.1392	0.1421	0.1255
湖北	0.1483	0.1547	0.1610	0.1930	0.1953	0.1835	0.1726	0.1853	0.1948	0.1714
湖南	0.1002	0.1087	0.1161	0.1246	0.1377	0.1480	0.1229	0.1360	0.1505	0.1319
广东	0.2716	0.2932	0.3186	0.3681	0.3970	0.3279	0.3283	0.3675	0.3946	0.3055
广西	0.0483	0.0516	0.0554	0.0565	0.0650	0.0590	0.0559	0.0538	0.0565	0.0287
海南	− 0.0008	− 0.0048	− 0.0038	− 0.0042	− 0.0060	− 0.0025	− 0.0026	− 0.0031	0.0002	− 0.0314
重庆	0.0589	0.0604	0.0691	0.0682	0.0782	0.0784	0.0778	0.0832	0.0833	0.0649
四川	0.1209	0.1349	0.1458	0.1562	0.1685	0.1573	0.1476	0.1552	0.1641	0.1406
贵州	− 0.0075	− 0.0067	− 0.0041	− 0.0074	− 0.0011	− 0.0015	0.0001	0.0037	0.0119	− 0.0120
云南	0.0243	0.0256	0.0289	0.0233	0.0361	0.0365	0.0373	0.0355	0.0439	0.0176
陕西	0.1103	0.1098	0.1128	0.1213	0.1423	0.1394	0.1290	0.1411	0.1481	0.1229
甘肃	0.0205	0.0233	0.0230	0.0192	0.0292	0.0304	0.0220	0.0173	0.0199	− 0.0125
青海	− 0.0208	− 0.0257	− 0.0397	− 0.0558	− 0.0236	− 0.0333	− 0.0259	− 0.0273	− 0.0277	− 0.0644
宁夏	− 0.0025	− 0.0052	− 0.0035	0.0011	0.0056	0.0069	0.0060	0.0035	0.0068	− 0.0104
新疆	0.0093	0.0066	0.0072	0.0079	0.0123	0.0099	0.0090	0.0061	0.0082	− 0.0122

从科技创新能力整体得分来看，各地区的创新能力近十年均有不同程度的上升。从地区之间的差距来看，地区之间的创新能力差距较大，综合排名第一的北京在 2018 年为 0.4292，而新疆只有 − 0.0122，且这种差距有不断拉大的趋势。

从得分的空间分布来看（见表 4.13），创新能力水平空间上呈现横向均衡、东高西低逐步减弱的阶梯分布的特征。东部地区排名大多靠前，中部地区的排名大多集中在中间水平，而西部地区大多排名靠后。但是总体来看，各个省份的创新能力得分均有所上升。结合 30 个省份的实际情况，造成东中西部创新能力差距明显的原因可能有以下几点：

表 4.13　全国 30 个省区市平均创新能力综合得分以及排名

地区	平均值	排序	地区	平均值	排序
北京	0.3991	1	福建	0.1040	16
江苏	0.3574	2	黑龙江	0.0939	17
广东	0.3372	3	河北	0.0875	18
上海	0.2691	4	江西	0.0774	19
浙江	0.2396	5	吉林	0.0746	20
山东	0.2325	6	重庆	0.0723	21
湖北	0.1760	7	山西	0.0643	22
辽宁	0.1689	8	广西	0.0531	23
四川	0.1491	9	内蒙古	0.0473	24
天津	0.1442	10	云南	0.0309	25
陕西	0.1277	11	甘肃	0.0192	26
湖南	0.1277	12	新疆	0.0064	27
河南	0.1252	13	宁夏	0.0008	28
安徽	0.1181	14	贵州	− 0.0024	29
青海	− 0.0344	15	海南	− 0.0059	30

　　第一，科技资源分布不均衡。对于经济发达的东部地区而言，有充足的财力资源与物力资源，也更容易吸引更多高科技人才。对于经济欠发达的中西部地区而言，单单靠自身现有的资源则很难打破目前落后的状态，这就需要政府在资源上的倾斜。广西和海南从地理位置上看属于东部地区，但是经济发展水平和科技创新水平均相对落后。

　　第二，东部地区在地理位置上有较大优势。东部沿海地区是最早实行改革开放的，与其他内陆城市相比积累了大量的财富。同时，其独特的地理位置不仅有利于当地经济的发展，而且有利于与国外的科技交流，能够及时引进国外先进科学技术，这将极大地推动沿海地区科技的进步。

四、科技创新与生态效率的耦合协调度[①]

（一） 耦合协调度的等级划分

耦合协调度是能反映生态效率与创新能力协调性发展水平的综合性指标。为综合详细地反映地区间生态效率与创新能力的协调发展水平，本章用协调发展类型来衡量区域生态效率与创新协调发展水平状况。按照协调发展度 H 的大小，采用均匀分布函数法，将协调发展类型划分为四大类八个小类，并根据衡量生态环境质量的综合评价指数生态效率 E 和创新能力综合评价指数 K 的对比关系，将协调发展类型再细分为 24 个基本类型。这里要说明的是如果 E 与 K 之差在 0.1 以内，则视为同步发展；如果 E 与 K 之差超过 0.1，则视为非同步发展。再依据区域生态效率与创新能力交互作用的强弱程度，一般可以将其耦合的过程划分为低水平耦合阶段、颉颃阶段、磨合阶段、高水平耦合阶段、良性共振耦合阶段。具体如表 4.14 和表 4.15 所示。

表 4.14　生态效率与创新耦合度划分判别标准

耦合度 C_v	耦合阶段
$0 < C_v \leqslant 0.3$	低水平耦合阶段
$0.3 \leqslant C_v < 0.5$	颉颃阶段

---

① 本节作者为张静。

续表

耦合度 C_v	耦合阶段
$0.5 \leq C_v < 0.8$	磨合阶段
$0.8 \leq C_v < 1$	高水平耦合阶段
$C_v = 1$	良性共振耦合阶段

表 4.15　生态效率与创新协调发展类型分类体系及其判别标准

协调类型	协调发展度（H）	E 与 K 的对比关系	协调发展类型
协调发展类	$0.9 < H \leq 1$ 优质协调	$E - K > 0.1$	优质协调发展类创新滞后型
		$K - E > 0.1$	优质协调发展类生态发展滞后型
		$0 \leq \mid E - K \mid \leq 0.1$	优质协调发展类生态发展与创新同步型
	$0.7 < H \leq 0.9$ 良好协调	$E - K > 0.1$	良好协调发展类创新滞后型
		$K - E > 0.1$	良好协调发展类生态发展滞后型
		$0 \leq \mid E - K \mid \leq 0.1$	良好协调发展类生态发展与创新同步型
	$0.6 < H \leq 0.7$ 中级协调	$E - K > 0.1$	中级协调发展类创新滞后型
		$K - E > 0.1$	中级协调发展类生态发展滞后型
		$0 \leq \mid E - K \mid \leq 0.1$	中级协调发展类生态发展与创新同步型
勉强协调发展	$0.5 < H \leq 0.6$ 勉强协调	$E - K > 0.1$	勉强失调发展类创新滞后型
		$K - E > 0.1$	勉强失调发展类生态发展滞后型
		$0 \leq \mid E - K \mid \leq 0.1$	勉强失调发展类生态发展与创新同步型
濒临失调发展	$0.4 < H \leq 0.5$ 濒临失调	$E - K > 0.1$	濒临失调衰退类创新滞后型
		$K - E > 0.1$	濒临失调衰退类生态发展滞后型
		$0 \leq \mid E - K \mid \leq 0.1$	濒临失调衰退类生态发展与创新同步型
失调发展类	$0.3 < H \leq 0.4$ 轻度失调	$E - K > 0.1$	轻度失调衰退类创新滞后型
		$K - E > 0.1$	轻度失调衰退类生态发展滞后型
		$0 \leq \mid E - K \mid \leq 0.1$	轻度失调衰退类生态发展与创新同步型
	$0.1 < H \leq 0.3$ 中度失调	$E - K > 0.1$	中度失调衰退类创新滞后型
		$K - E > 0.1$	中度失调衰退类生态发展滞后型
		$0 \leq \mid E - K \mid \leq 0.1$	中度失调衰退类生态发展与创新同步型
	$0 < H \leq 0.1$ 严重失调	$E - K > 0.1$	严重失调衰退类创新滞后型
		$K - E > 0.1$	严重失调衰退类生态环境受损型
		$0 \leq \mid E - K \mid \leq 0.1$	严重失调衰退类生态发展与创新同步型

（二）耦合协调度的静态和动态分析

根据上文所述的耦合协调度计算公式，计算我国 2009 ~ 2018 年生态效率与创新相互作用的耦合度，如表4.16所示。

表 4.16　2009 ~ 2018 年全国 30 个省份生态效率与创新耦合度 C_v

年份 地区	2009	2010	2011	2012	2013	2014	2015	2016	2017	2018
北京	0.9719	0.9909	0.9862	0.9794	0.9772	0.9705	0.9992	0.9862	0.9626	0.9820
天津	0.9957	0.9956	0.9968	0.9921	0.9892	0.9896	0.9887	0.9927	0.9929	0.9963
河北	0.9659	0.9559	0.9607	0.9502	0.9303	0.9276	0.9136	0.8864	0.8496	0.8743
山西	0.9620	0.9613	0.9724	0.9515	0.9371	0.9326	0.9228	0.8946	0.8948	0.9154
内蒙古	0.9952	0.9583	0.9501	0.9384	0.9333	0.9342	0.9519	0.9097	0.9066	0.9277
辽宁	0.8520	0.8299	0.8166	0.7801	0.7846	0.7912	0.8260	0.7990	0.7776	0.8255
吉林	0.9138	0.9107	0.9141	0.9101	0.9027	0.9022	0.9015	0.8660	0.8562	0.8959
黑龙江	0.8991	0.8873	0.8766	0.8685	0.8617	0.8633	0.8570	0.8133	0.7997	0.8492
上海	0.9043	0.8939	0.8956	0.8711	0.8539	0.8732	0.8504	0.9393	0.9365	0.9478
江苏	0.9500	0.9347	0.9154	0.8950	0.8888	0.9087	0.9649	0.9015	0.8985	0.9202
浙江	0.9781	0.9754	0.9693	0.9379	0.9438	0.9522	0.9462	0.9495	0.9474	0.9543
安徽	0.9427	0.9364	0.9250	0.9040	0.8856	0.8923	0.8849	0.8447	0.8335	0.8527
福建	0.9999	1.0000	0.9995	0.9977	0.9967	0.9978	0.9970	0.9959	0.9945	0.9974
江西	0.9586	0.9531	0.9575	0.9508	0.9379	0.9404	0.9286	0.8897	0.8695	0.8764
山东	0.9818	0.9746	0.9695	0.9611	0.9530	0.9628	0.8673	0.9609	0.9524	0.9559
河南	0.9697	0.9647	0.9530	0.9408	0.9298	0.9478	0.9188	0.9230	0.9285	0.9400
湖北	0.8864	0.8830	0.8861	0.8677	0.8741	0.8842	0.8844	0.8614	0.8439	0.8693
湖南	0.9236	0.9218	0.9351	0.9465	0.9960	0.9446	0.9934	0.9646	0.9063	0.8799
广东	0.9716	0.9609	0.9571	0.9379	0.9303	0.9549	0.9419	0.9515	0.9397	0.9676
广西	0.9487	0.9434	0.9515	0.9405	0.9312	0.9381	0.9316	0.9093	0.8955	0.9233
海南	0.7791	0.7666	0.7419	0.7421	0.7500	0.7603	0.7996	0.8359	0.8429	0.7841
重庆	0.9682	0.9668	0.9640	0.9833	0.9773	0.9654	0.9573	0.9535	0.9480	0.9586

地区 \ 年份	2009	2010	2011	2012	2013	2014	2015	2016	2017	2018
四川	0.9193	0.9112	0.9097	0.9050	0.8928	0.9001	0.8857	0.8625	0.8648	0.8829
贵州	0.9989	0.9992	0.9982	0.9985	0.9989	0.9984	1.0000	0.9867	0.9667	0.9885
云南	0.9892	0.9853	0.9759	0.9855	0.9955	0.9851	0.9716	0.9566	0.9449	0.9696
陕西	0.9970	0.9972	0.9977	0.9957	0.9902	0.9903	0.9559	0.8886	0.8612	0.8825
甘肃	0.9918	0.9874	0.9816	0.9800	0.9713	0.9699	0.9625	0.9450	0.9306	0.9713
青海	0.8990	0.8819	0.8463	0.7885	0.8921	0.8699	0.8748	0.8839	0.8687	0.7449
宁夏	0.9865	0.9939	0.9919	0.9900	0.9848	0.9865	0.9746	0.9599	0.9471	0.9684
新疆	0.9755	0.9776	0.9782	0.9697	0.9605	0.9647	0.9581	0.9173	0.9130	0.9462

将表 4.16 的数值转化为折线图 （见图 4.7），我们能够很明显地观察出，在全国各省份生态效率与创新耦合度中，2009～2018 年各省份的耦合度 C_v 变化方向基本一致且变化不大。如果从时间角度来观察各省份生态效率与科技创新的耦合度，可以发现，河北、江西、四川、陕西包括青海等地生态与创新的耦合水平虽然有所下降，但除青海 2018 年处于磨合阶段外，其他均处于高水平耦合阶段，这表明随着中国经济发展质量的提升，生态效率和科技创新耦合程度较好。辽宁、黑龙江、湖北和海南四个地区在研究期间内耦合度虽保持稳定发展且都达到了很高的水平。东部地区以北京、广东、江苏、上海、山东为首，其耦合度几乎都达到良性共振耦合水平。福建在 2010 年达到了 $C_v = 1$，即生态效率与科技创新水平达到了良性共振阶段。其他地区的协调度 C_v 平均水平均高于 0.5，说明生态效率与科技创新水平存在强烈的相互依赖关系。

从空间维度来看，研究期间内绝大部分省份的生态环境与科技创新多处于 0.8 以上，也就是说从全国整体来看，大部分地区生态与科技创新的耦合程度已经达到了高水平耦合阶段。这也在很大程度上反映了中国高质量发展的成果。

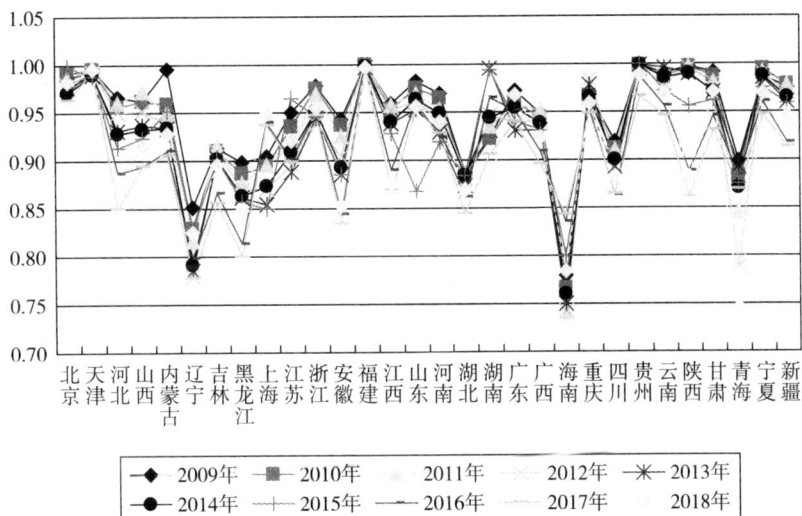

图 4.7　2009~2018 年全国 30 个省份耦合度 C_v 折线图

在以上实证分析结果的基础上，为更进一步分析我国生态效率与创新耦合协调发展程度，根据耦合协调度计算公式，计算我国生态效率与科技创新水平的协调发展程度，并判断我国 2009~2018 年生态效率与创新的协调发展类型及耦合阶段。结果如表 4.17 所示。

表 4.17　2009~2018 年我国 30 个省份生态效率与创新协调度 H

年份 地区	2009	2010	2011	2012	2013	2014	2015	2016	2017	2018
北京	0.8975	0.8674	0.8678	0.8925	0.9102	0.8920	0.9680	0.9275	0.9128	0.9324

续表

年份 地区	2009	2010	2011	2012	2013	2014	2015	2016	2017	2018
天津	0.6564	0.6546	0.6686	0.6763	0.6813	0.6808	0.6794	0.6705	0.6628	0.6529
河北	0.5272	0.5230	0.5326	0.5336	0.5318	0.5167	0.5009	0.4944	0.4948	0.4778
山西	0.5103	0.5102	0.5273	0.5085	0.5071	0.4977	0.4809	0.4595	0.4647	0.4545
内蒙古	0.5776	0.4745	0.4754	0.4784	0.4811	0.4766	0.4824	0.4554	0.4481	0.4404
辽宁	0.5457	0.5423	0.5483	0.5647	0.5584	0.5469	0.5092	0.4968	0.4939	0.4716
吉林	0.4949	0.4894	0.4918	0.4911	0.4965	0.4949	0.4750	0.4678	0.4552	0.4328
黑龙江	0.5056	0.5008	0.4961	0.4938	0.4985	0.4945	0.4834	0.4524	0.4479	0.4242
上海	0.6671	0.6623	0.6638	0.6654	0.6669	0.6704	0.6412	0.7315	0.7325	0.7183
江苏	0.7285	0.7474	0.7633	0.7870	0.7937	0.7789	0.8403	0.7715	0.7826	0.7584
浙江	0.6820	0.6871	0.6940	0.7327	0.7206	0.7125	0.7181	0.7185	0.7284	0.7205
安徽	0.5153	0.5209	0.5264	0.5350	0.5431	0.5412	0.5334	0.5160	0.5168	0.5145
福建	0.6150	0.6172	0.6241	0.6350	0.6417	0.6386	0.6336	0.6386	0.6437	0.6356
江西	0.5088	0.5111	0.5112	0.5099	0.5145	0.5149	0.5037	0.4888	0.4875	0.4809
山东	0.6956	0.7010	0.7117	0.7230	0.7350	0.7199	0.6251	0.7180	0.7231	0.7094
河南	0.5661	0.5695	0.5722	0.5761	0.5788	0.5853	0.5591	0.5731	0.5810	0.5717
湖北	0.5561	0.5605	0.5691	0.5880	0.5946	0.5904	0.5797	0.5765	0.5741	0.5682
湖南	0.5281	0.5369	0.5564	0.5766	0.6692	0.6021	0.6413	0.6094	0.5726	0.5343
广东	0.7668	0.7711	0.7890	0.8067	0.8210	0.7944	0.7776	0.8240	0.8307	0.7928
广西	0.4783	0.4789	0.4909	0.4836	0.4885	0.4854	0.4763	0.4589	0.4545	0.4320
海南	0.6821	0.6787	0.6990	0.6975	0.6864	0.6901	0.6624	0.6359	0.6402	0.5815
重庆	0.5115	0.5123	0.5219	0.5441	0.5500	0.5363	0.5273	0.5310	0.5262	0.5107
四川	0.5493	0.5592	0.5701	0.5777	0.5815	0.5752	0.5549	0.5476	0.5580	0.5456
贵州	0.4477	0.4507	0.4515	0.4460	0.4605	0.4575	0.4718	0.4432	0.4363	0.4154
云南	0.4836	0.4799	0.4737	0.4763	0.5169	0.4977	0.4824	0.4657	0.4689	0.4485
陕西	0.6360	0.6359	0.6425	0.6463	0.6583	0.6548	0.5913	0.5499	0.5397	0.5262
甘肃	0.4817	0.4790	0.4707	0.4622	0.4692	0.4698	0.4493	0.4283	0.4231	0.3963
青海	0.5428	0.5399	0.5172	0.4888	0.5394	0.5243	0.5439	0.5339	0.5423	0.4731
宁夏	0.4312	0.4378	0.4376	0.4432	0.4442	0.4487	0.5442	0.4162	0.4126	0.3978
新疆	0.4402	0.4375	0.4392	0.4320	0.4317	0.4310	0.4242	0.3935	0.3946	0.3788

表4.8 显示，纵向看全国30个省份的生态效率与科技创新能力的协调发展程度波动幅度较小，也就是说，协调发挥发展程度高的地区在2009～2018年一直保持着较高的协调发展水平，如处于东部地区的北京、天津、上海、江苏、浙江、福建、山东、广东在整个研究期间内的协调发展度均大于0.6。其中，北京、江苏和广东均处于良好协调发展阶段。同理，协调发展程度低的地区在2009～2018年一直保持着较低的协调发展水平，如吉林、广西、甘肃、新疆等西北偏远地区在整个研究期间的协调发展水平均为 $0.3H<0.5$ ，属于失调发展类的轻度失调和濒临失调类。

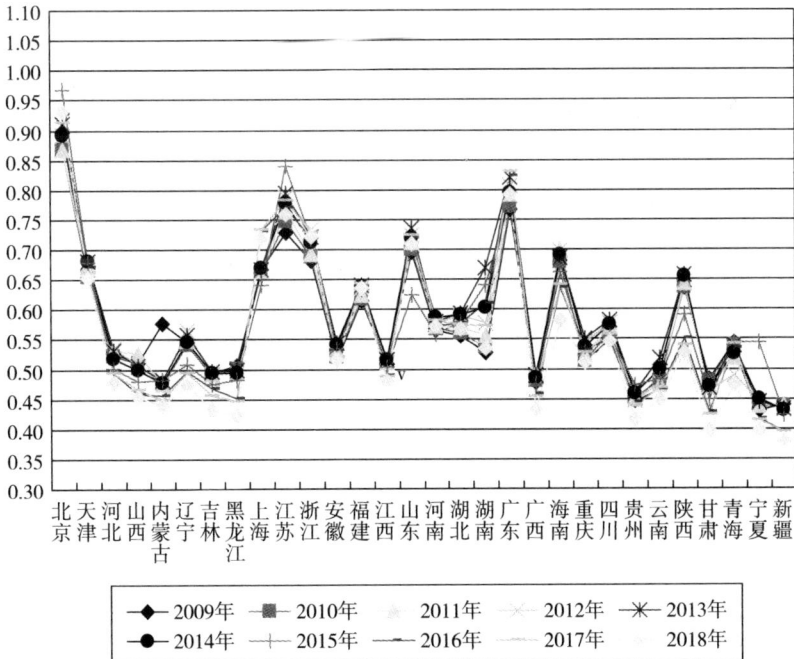

图4.8 2009～2018年全国30个省份协调发展度 H 折线图

地区之间的协调发展水平和经济发展水平的趋势没有较大差异，也就是说东部地区协调度大于中部地区协调度，中部地区协调度大于西部地区协调度。

第五章

区域科技创新与绿色发展的关系

中国目前所遇见的基本问题不是"要不要发展"而是如何"科学发展、可持续发展、绿色发展",中国在 2050 年要实现的现代化是绿色文明的现代化。绿色发展兼顾了经济效率与自然和谐,它是以经济增长和社会发展的持续性为目标的发展方式。实现绿色发展归根结底就是改变现有的能源结构、减少污染物的排放量,同时促进相关产业结构的调整与优化,这离不开科技创新活动的支持。政府主导的经济工作重心由经济发展的速度转换到了经济发展的质量,加速了全社会的生产要素向科技创新活动集中,从而推动了创新发展。总而言之,科技创新与绿色发展具有协同效应,绿色发展为科技创新提供向导,而科技创新是实现绿色发展的关键驱动力。

在当前创新驱动发展的时代背景下,基于绿色发展各类影响因素分析,学术界开始关注研究科技创新与绿色发展之间的关系。田晖和宋清(2018)根据实证结果发现,创新驱动对智慧城市的绿色发展具有促进作用。肖黎明等(2019)运用耦合协调度模型及 PVAR 模型对中国省域绿色创新和绿色发展水平的协同及互动关系进行研究,发现中国区域创新水平与绿色发展耦合度逐渐上升，但区域协调度偏低，绿色发展与区域创新间的响应程度随经济基础变化而变化。滕堂伟等（2019）采用耦合协调度模型及空间马尔可夫链方法分析长江经济带科技创新与绿色发展水平间的交互耦合关系及空间关联性演变，发现科技创新驱动绿色发展，绿色发展又为科技创新提供导向。华坚等（2020）认为产学研协同创新是提高绿色发展水平的新驱动，并运用面板 Tobit 模型实证分析了创新有利于提高绿色发展水平。

在研究与科技创新的关系方面，学者大多是将科技创新系统作为一个整体，在用单一综合指数来表征科技创新效率的基础上，通过各类模型或计量方法对科技创新效率与绿色发展效率之间的关系进行实证分析，这种研究方式忽略了科技创新活动的阶段性特征。因此，有必要单独测算科技创新活动两阶段效率，并分别分析一阶段效率和二阶段效率对绿色发展效率的影响，这有助于将科技创新与绿色发展间的关系分析透彻。

一、技术研发效率与绿色发展效率

如前所述，科技创新是将要素投入进行知识生产再输出为经济效益的过程，是发展清洁能源的技术保障，也是产业升级的活力源泉。科技创新活动是一个复杂的系统，根据投入产出的要素不同，可以分为两个阶段：第一阶段为技术研发过程，科技资源投入在技术研发过程中输出得到科技创新成果；第二阶段为成果转化过程，科技创新成果在成果转化过程中转化得到经济产出输出。

技术研发效率的提高在一定程度上能够提升绿色发展效率。第一，技术研发效率的提高有利于促进生产水平优化与产业结构升级。在过去，我国实施的是投资驱动型的经济发展模式，这使得我国在产业结构上依赖于生产要素消耗大、污染物排放高的生产模式，而技术研发效率的提高会透过研发成果作用到产业，使得生产力得以释放、生产效率大幅攀升，这意味着相较于过去，技术革新后的生产链条每单位产出耗能更少或者说消耗固定的资源会带来更高的产出，从而达到产业优化生产的目的。同时，专利技术的集成也会促进产业结构转换，催化大量的知识与技术密集型的高新产业，这些高新产业不仅生产力水平较传统行业大幅提高，所产出的高新技术产品也具有更高的附加值。于企业而言，高附加值产品的规模生产会给企业带来更高的利润，这是企业追寻绿色发展的根本动力；于政府而言，高新技术企业集群会给经济带来更高质量的增长；于国家而言，大量可以应用的科研成果会提高中国的国际竞争力，带来中国制造向中国创造的转变，这也是我国实行绿色发展、成为现代化强国的必经之路。

第二，技术研发效率的提高有利于减轻污染物排放对环境的影响。清洁能源相较于化石燃料会带来更低的污染物排放，具有安全、高效、可再生的特征，但对相关技术的水平也有更高的要求。技术研发效率的提高有助于相关技术成果的产生与应用，这不仅会提高以煤炭为代表的化石能源的利用率，而且对于清洁能源的开发、转换效率的帮助也将补充我国现有的能源体系，是我国能源结构转变的关键所在。技术研发水平的提高同样对处理排放的污染物有着积极的影响。在追求经济发展速度的年代里，工业废水未经处理直接排入江河，这无疑会对生态环境产生巨大的影响，随着技术水平的提高与相关管控的加强，减少了二氧化碳、二氧化硫的排放，进而促进了绿色发展效率的提高。

第三，技术研发效率的提高能够带动"新基建"，引领高质量发展。"新基建"不同于"老基建"，在基础设施建设上对技术研发的要求更高，涉及七大高新领域与诸多产业链。新基建的出发点和落脚点都是"技术研发"，而后者是推动绿色发展的核心驱动力。技术研发效率的提高会促成更多科技成果的产出，从而构建形成了科技创新成果的专利池，这些成果的集成会涵盖"新基建"的方方面面，为提高绿色发展效率、实现绿色发展营造环境、搭建平台。同样，绿色发展效率的提高对技术研发效率也有着积极的促进作用。绿色发展效率的提高孵化了一系列绿色创新产业，激励更多的人才和资本投入到科技创新活动的技术研发中来，进一步提高技术研发效率。

二、成果转化效率与绿色发展效率

科技创新活动的落脚点是科技创新成果在实践中得以运用，实现生产工具的改善和生产效率的提高，成果转化效率便是衡量科技成果后续在实践领域中的商业开发指数，也是推动绿色发展效率提升最为关键的因素，与绿色发展效率相辅相成，互为因子。

成果转化效率的提升一方面意味着当前的科技创新成果符合社会经济发展的趋势，且通过后续的产品开发能够形成高附加值产品，而凝结着更高的知识和技术含量的高附加值产品在商品交换中会占据主导地位，并带来更高的经济产出，进而从期望产出方面提升了绿色发展效率。而在另一方面，随着科技创新活动逐渐面向市场，相关金融服务为其提供支撑，科技创新成果通过组合、衔接使得成果转化率大幅提升，作用于产业结构的优化与调整，为绿色发展注入活力，带来绿色发展效率的蝶变，从而实现高质量绿色发展。

同样，绿色发展效率的提升对成果转化效率也会产生积极的影响。绿色发展效率的提升使得绿色发展应用场景不断被拓宽，需求不断被放大，当绿色发展产业初具规模形成效应后，其想象空间会被充分地释放，这会促使全社会的生产要素投入到绿色发展的建设中来，包括人才的流入和资本的追捧，科技创新活力得到激发，成果转化率也会随之提高，从而实现绿色发展效率与成果转化效率间的螺旋式上升、波浪式前进。

三、评价方法与影响因素选择

（一）Tobit 模型

由于 Super – SBM 模型测算的效率值为大于零的左侧截断数据，若选用 OLS 回归可能会导致估计偏差和非一致问题。Tobit 模型属于受限因变量回归一类的模型，是因变量满足某种约束条件下取值的模型。因此，为进一步分析技术研发和经济产出两阶段效率的影响因素，本章选用 Tobit 模型对技术研发效率值和经济产出效率值分别进行回归分析，Tobit 模型如下：

$$Y_i = \begin{cases} \beta X_i + \varepsilon_i, & \beta X_i + \varepsilon_i > 0 \\ 0, & \beta X_i + \varepsilon_i \leq 0 \end{cases} \qquad (5.1)$$

其中，X_i、Y_i 分别表示解释变量和被解释变量，β 为系数向量，ε_i 为随机干扰项，且服从正态分布：$\varepsilon_i \sim N(0, \sigma^2)$。

（二）影响因素指标构建

根据研究目的和前述作用机理分析，本章主要研究科技创新活动两阶段效率对绿色发展效率的影响，为使研究结果更加客观准确，在解释变量的基础上再引入控制变量，构建的影响因素指标体系如表5.1 所示。

表 5.1 影响因素指标体系

	一级	二级	三级
解释变量	科技创新效应	一阶段	技术研发效率（te1）
		二阶段	成果转化效率（te2）
控制变量	区域经济实力	经济发展基础	人均 GDP 的自然对数（eco）
	人力资本与产业结构	人力资本质量	就业人员受教育程度本科及以上比例（hc）
		产业结构优化	第三产业与第二产业比值（ind）
	外部政策与对外开放	环境规制力度	污染治理投资总额与全国污染治理投资总额比值（er）
		对外开放程度	外商投资企业投资总额与 GDP 比值（open）

指标数据主要来源于前文测度结果以及《中国统计年鉴》、《中国人口和就业统计年鉴》、《中国环境统计年鉴》，由于西藏、香港、澳门、台湾的数据缺失严重，选取中国其余 30 个省区市 2009～2017 年平衡面板数据，并分为八大综合经济区进行检验分

析（划分方式同第二章），着重研究科技创新活动两阶段效率对绿色发展效率的影响。

四、区域创新效率与绿色发展效率的关系分析[①]

（一）相关变量统计性描述

本章选择的变量有被解释变量、解释变量和控制变量，且分为八大综合经济区进行检验分析，相关变量的描述性统计如表5.2所示。

表 5.2　主要变量与描述性统计

区域	变量类型	变量	观测值	平均值	标准差	最小值	最大值
全国	被解释变量	gde	270	0.499	0.358	0.175	1.393
	解释变量	$te1$		0.382	0.360	0.018	1.570
		$te2$		0.457	0.379	0.002	1.489
		eco		10.627	0.481	9.311	11.768
		hc		7.400	6.266	1.040	37.600
	控制变量	ind		1.045	0.594	0.500	4.237
		er		0.032	0.024	0.002	0.213
		$open$		0.343	0.383	0.047	3.729

[①] 节选自：欧阳欢蕤．中国绿色发展的格局特征及其创新驱动作用研究［D］．南昌大学硕士学位论文，2020.

续表

区域	变量类型	变量	观测值	平均值	标准差	最小值	最大值
东北	被解释变量	gde	27	0.358	0.159	0.230	1.000
	解释变量	te1		0.238	0.082	0.077	0.357
		te2		0.229	0.137	0.050	0.494
		eco		10.663	0.277	10.019	11.089
		hc		6.484	2.301	2.510	10.800
	控制变量	ind		0.962	0.396	0.651	2.186
		er		0.024	0.016	0.009	0.083
		open		0.273	0.217	0.092	0.911
北部沿海	被解释变量	gde	36	0.716	0.409	0.261	1.265
	解释变量	te1		0.535	0.568	0.055	1.570
		te2		0.447	0.338	0.096	1.248
		eco		11.063	0.454	10.107	11.768
		hc		14.469	11.631	2.140	37.600
	控制变量	ind		1.560	1.233	0.623	4.237
		er		0.053	0.028	0.006	0.102
		open		0.456	0.317	0.115	1.172
东部沿海	被解释变量	gde	27	0.777	0.429	0.425	1.393
	解释变量	te1		0.843	0.403	0.228	1.454
		te2		0.231	0.104	0.121	0.625
		eco		11.240	0.275	10.682	11.749
		hc		12.634	7.517	2.770	29.800
	控制变量	ind		1.235	0.465	0.734	2.339
		er		0.052	0.028	0.016	0.108
		open		0.879	0.451	0.390	1.759
南部沿海	被解释变量	gde	27	0.932	0.337	0.339	1.301
	解释变量	te1		0.278	0.205	0.029	1.026
		te2		0.772	0.329	0.253	1.187
		eco		10.765	0.370	9.860	11.318
		hc		6.027	2.095	1.740	9.800

区域	变量类型	变量	观测值	平均值	标准差	最小值	最大值
东北	控制变量	ind	27	1.270	0.550	0.752	2.513
		er		0.029	0.040	0.002	0.213
		open		0.748	0.641	0.439	3.729
黄河中游	被解释变量	gde	36	0.288	0.038	0.175	0.381
	解释变量	te1		0.211	0.175	0.035	0.728
		te2		0.660	0.525	0.097	1.481
		eco		10.590	0.351	9.930	11.184
		hc		5.766	2.401	1.360	9.900
	控制变量	ind		0.773	0.222	0.500	1.439
		er		0.036	0.013	0.020	0.067
		open		0.147	0.042	0.083	0.247
长江中游	被解释变量	gde	36	0.535	0.290	0.252	1.006
	解释变量	te1		0.327	0.191	0.106	1.032
		te2		0.417	0.193	0.180	0.902
		eco		10.413	0.322	9.706	11.004
		hc		4.685	1.703	1.190	7.600
	控制变量	ind		0.808	0.150	0.598	1.185
		er		0.033	0.012	0.016	0.061
		open		0.196	0.068	0.101	0.329
西南	被解释变量	gde	45	0.351	0.226	0.180	1.031
	解释变量	te1		0.363	0.278	0.018	1.059
		te2		0.502	0.422	0.118	1.489
		eco		10.244	0.394	9.311	11.054
		hc		4.175	1.733	1.040	8.700
	控制变量	ind		0.957	0.204	0.636	1.283
		er		0.020	0.007	0.005	0.036
		open		0.181	0.073	0.059	0.330

区域	变量类型	变量	观测值	平均值	标准差	最小值	最大值
西北	被解释变量	*gde*	36	0.212	0.017	0.184	0.256
	解释变量	*te*1		0.320	0.318	0.044	1.161
		*te*2		0.351	0.368	0.002	1.281
		eco		10.334	0.328	9.492	10.830
		hc		6.504	2.385	1.840	11.500
	控制变量	*ind*		0.902	0.234	0.554	1.576
		er		0.013	0.011	0.003	0.041
		open		0.119	0.095	0.047	0.596

（二）回归结果分析

首先，使用聚类稳健标准误对面板数据进行混合 Tobit 回归，再进行随机效应的面板 Tobit 回归，LR 检验结果强烈拒绝原假设，故认为存在个体效应，因而选用随机效应的面板 Tobit 回归进行影响因素分析。考虑到中国疆土辽阔，各地区在地理位置、自然条件、政策支撑和经济基础等方面存在较大差异，因此运用 Stata13 分别对全国和八大综合经济区 2009～2017 年的绿色发展效率进行随机效应的面板 Tobit 回归，结果如表 5.3 所示。

表 5.3　Tobit 回归分析结果

变量	全国	东北	北部沿海	东部沿海	南部沿海	黄河中游	长江中游	西南	西北
*te*1	0.088 *	−0.07	1.019 ***	−0.162	0.302	0.175 ***	−0.213	0.155 *	−0.002
	(0.048)	(0.147)	(0.108)	(0.102)	(0.204)	(0.035)	(0.189)	(0.082)	(0.009)
*te*2	−0.093 ***	0.079	−0.088	−0.708 ***	−0.409 ***	0.023 *	−0.065	0.112	−0.031 ***
	(0.033)	(0.098)	(0.054)	(0.259)	(0.103)	(0.013)	(0.200)	(0.072)	(0.008)
eco	0.347 ***	0.233 ***	0.308 ***	0.175	0.151	0.012	0.087	0.570 ***	0.033 **
	(0.044)	(0.064)	(0.049)	(0.266)	(0.203)	(0.039)	(0.256)	(0.113)	(0.014)

续表

变量	全国	东北	北部沿海	东部沿海	南部沿海	黄河中游	长江中游	西南	西北
hc	-0.007	-0.022 *	-0.001	0.032	-0.045	0	0.077	-0.035	0.001
	(0.005)	(0.011)	(0.004)	(0.026)	(0.033)	(0.005)	(0.048)	(0.023)	(0.002)
ind	-0.123 **	0.006	-0.316 ***	-0.897 **	0.598 ***	-0.102 **	0.542 **	-0.386 ***	0.005
	(0.049)	(0.046)	(0.055)	(0.349)	(0.072)	(0.040)	(0.224)	(0.114)	(0.012)
er	1.536 ***	8.628 ***	-1.780 ***	-6.436 ***	1.590 *	0.41	6.872 ***	2.721	-0.178
	(0.548)	(0.857)	(0.487)	(1.61)	(0.944)	(0.384)	(2.431)	(3.032)	(0.334)
open	0.064 *	-0.102	0.231 ***	0.824 ***	0.019	0.189	-0.132	3.677 ***	-0.058 ***
	(0.036)	(0.063)	(0.063)	(0.141)	(0.060)	(0.141)	(0.447)	(0.680)	(0.021)
_cons	-3.076 ***	-2.170 ***	-2.702 ***	-0.577	-1.015	0.15	-1.276	-5.804 ***	-0.122
	(0.442)	(0.638)	(0.502)	(3.019)	(2.026)	(0.381)	(2.404)	(1.140)	(0.133)

注：*、**、***分别表示 $p<0.1$、$p<0.05$、$p<0.01$，括号内为标准差；黄河中游综合经济区 *hc* 系数为0.0000513，由于小数点位数关系，单元格显示为零。

表5.3中的全国样本实证结果显示，科技创新活动一阶段效率（*te*1）系数为正且在10%水平上表现显著，意味着技术研发效率对绿色发展效率有正向促进作用。技术研发效率的提高表明该地区科技资源投入与创新成果产出处于相对协调状态，两者之间匹配度高，有利于科技人力、财力和物力资源转化为科技创新成果，这一有效的投入产出过程进一步作用于改善要素配置结构、促进产业结构升级、控制污染物排放、处理或循环利用污染物，这些环节均有效促进经济增长和节能减排，进而提高绿色发展效率。

科技创新活动二阶段效率（*te*2）系数为负且在1%水平上表现显著，意味着成果转化效率在当前发展状态下对绿色发展效率有抑制作用。一方面，样本期内中国各省区市的成果转化过程尚未成熟，由科技创新成果转化带来的经济效益和环境效益尚未累积到能够提高绿色发展效率的程度，即成果转化效率当前仅体现在科技创新成果投入与经济产出输出有效与否层面，对绿色发展效率中资源投入的节约、经济水平的提高和生态环境的改善等方面的影响较弱。另一方面，尽管样本期内部分地区成果转化效率实现了相对有效，但多数地区成果转化效率偏低的格局尚未出现根本改善，尤其对于部分自身经济基础较好的地区而言，波动的成果转化效率缺乏稳定和持续性的刺激作用，还可能存在边际效应递减的现象，对绿色发展的贡献相对较小，成果转化在提升绿色发展效率方面的作用尚未得到最大化利用。

控制变量中以人均 GDP 的自然对数衡量的经济发展基础（eco）对绿色发展效率有正向影响且在 1% 水平上表现显著，意味着当前的经济发展模式已开始注重经济、社会和自然的协调统一，经济水平的提高同时带动了绿色发展。

以就业人员受教育程度本科及以上比例衡量的人力资本质量（hc）对绿色发展效率有负向影响但不显著，意味着尽管样本期内受本科以上高等教育的劳动力比例有所提高，但其中从事科技创新活动的劳动力比例较少，尚未对绿色发展效率的提高起到作用。

以第三产业与第二产业比值衡量的产业结构优化（ind）对绿色发展效率有负向影响且在 5% 水平上表现显著，意味着当前中国整体的产业结构尚未在改善要素配置、降低能源消耗和减少污染物排放等方面发挥显著作用，其运行环境尚未根本改变，缺乏必要的产业支撑条件，限制了产业结构优化的积极作用。

以污染治理投资总额与全国污染治理投资总额比值衡量的环境规制力度（er）对绿色发展效率有正向影响且在 1% 水平上表现显著，意味着环境规制可以加大对污染排放物的处理，加强生态保护，同时督促企业发展绿色技术并拓展绿色产业，有利于提升绿色发展效率。

以外商投资企业投资总额与 GDP 比值衡量的对外开放程度 （*open*） 对绿色发展效率有正向影响且在 10% 水平上表现显著， 意味着加大对外开放有助于引进国外先进技术并吸收、模仿甚至 在其基础上不断创新，从而发展绿色技术、拓展绿色产业，提高 绿色发展水平。

（三）科技开发效率与绿色发展效率的关系

表 5.3 的分区域样本实证结果显示，八大综合经济区中北部 沿海综合经济区、黄河中游综合经济区和西南综合经济区的科技 创新活动一阶段效率（*te*1） 系数为正且表现出统计显著性，与 全国层面的实证结果近似，意味着北部沿海综合经济区、黄河中 游综合经济区以及西南综合经济区的技术研发效率的提高已助推 了绿色发展效率的提高，技术的研发在节约能耗、经济发展和环 境改善中的作用得到了有效利用。需要注意的是，北部沿海综合 经济区的系数要远大于黄河中游综合经济区和西南综合经济区， 这可能与北部沿海综合经济区技术研发政策支持较多、研发方向 明确有关。

南部沿海综合经济区的科技创新活动一阶段效率（*te*1） 系 数表现为正但不显著，这可能是因为南部沿海区域绿色发展效率 较高，然而其技术研发效率偏低，由于缺乏基础的技术研发支撑 条件，技术研发在提升绿色发展效率方面的作用尚未得到最大化 利用。

东北综合经济区、东部沿海综合经济区、长江中游综合经济 区和西北综合经济区的科技创新活动一阶段效率（*te*1） 系数表 现为负但不显著，意味着技术研发效率未能促进其绿色发展效率的提高。究其原因，可能是东北综合经济区和西北综合经济区仍存在以要素数量驱动的高消耗低效率的发展模式，经济发展对物质资本投入的依赖较高，同时技术研发效率技术研发环境仍需进一步改善，发展路径存在一定程度的锁定效应，因而限制了技术研发效率对于绿色发展效率的作用。

而东部沿海综合经济区和长江中游综合经济区经济基础较好，但内部技术研发活动尚未跟上发展的步伐，技术研发效率尚频繁波动，未进入稳定持续的发展状态，对促进绿色发展的贡献相对较小。

（四）科技成果转化效率与绿色发展效率的关系

八大综合经济区中黄河中游综合经济区的科技创新活动二阶段效率（$te2$）系数表现为正且在10%水平上表现显著，意味着黄河中游综合经济区的成果转化效率对于区域绿色发展效率的提升具有积极的正向效应，通过科技创新成果的转化，将技术进步转化为经济效益，实现在发展经济的同时也在保护生态，因而提高了绿色发展效率。

东北综合经济区和西南综合经济区的科技创新活动二阶段效率（$te2$）系数表现为正但不显著，意味着两区域的成果转化效率对绿色发展效率有正向促进作用，但效果不显著。究其原因是由于样本期内东北经济区和西南经济区的成果转化过程尚未成熟，由科技创新成果转化带来的经济效益和环境效益尚未累积到能够积极促进绿色发展。

东部沿海综合经济区、南部沿海综合经济区和西北综合经济区的科技创新活动二阶段效率（$te2$）系数为负且在1%水平上表现显著，与全国层面的实证结果近似，意味着东部沿海综合经济区、南部沿海综合经济区以及西北综合经济区的成果转化效率的提高对其绿色发展效率具有一定的抑制作用，这可能是由于东部沿海综合经济区和南部沿海综合经济区自身经济基础较好，科技创新成果转化边际效应递减，对资源投入的节约、经济水平的发展和生态环境的改善等方面的直接影响较弱。

而西北经济区整体成果转化效率较低，同时经济基础较为薄弱，经济增长环境仍有待改善，科技成果转化带来的经济效益和环境效益有限，因而未能促进绿色发展效率的提升。

北部沿海综合经济区和长江中游综合经济区的科技创新活动二阶段效率（te2）系数表现为负但不显著，意味着这两个经济区的成果转化效率未能促进绿色发展效率的提高。究其原因可能是这两个经济区均衡发展欠佳，其内部个别省份为追求 GDP 的增长和规模，相对较多地依赖资源要素的投入，由于科技成果转化缺乏大方向环境的支撑，因而整体成果转化效率在提高发展质量、提升绿色发展效率中的作用尚未凸显。

在控制变量中，东北综合经济区、北部沿海综合经济区、西南综合经济区和西北综合经济区的经济发展基础（eco）对其绿色发展效率有显著的正向影响，东部沿海综合经济区、南部沿海综合经济区、黄河中游综合经济区和长江中游综合经济区的经济发展基础（eco）对其绿色发展效率有正向影响但不显著。

东部沿海综合经济区、黄河中游综合经济区、长江中游综合经济区和西北综合经济区的人力资本质量（hc）对其绿色发展效率有正向影响，其他区域的人力资本质量（hc）对其绿色发展效率有负向影响。

南部沿海综合经济区、长江中游综合经济区、东北综合经济区和西北综合经济区的产业结构优化（ind）对其绿色发展效率有正向影响，北部沿海综合经济区、东部沿海综合经济区、黄河中游综合经济区和西南综合经济区的产业结构优化（ind）对其绿色发展效率有负向影响且表现出统计显著性。

东北综合经济区、南部沿海综合经济区和长江中游综合经济区的环境规制力度（er）对其绿色发展效率有正向影响且表现显著，黄河中游综合经济区、西南综合经济区、北部沿海综合经济区和东部沿海综合经济区的环境规制力度（er）对其绿色发展效率有正向影响，而西北综合经济区的环境规制力度（er）对其绿色发展效率均有负向影响。

北部沿海综合经济区、东部沿海综合经济区、西南综合经济区、南部沿海综合经济区和黄河中游综合经济区的对外开放程度（open）对其绿色发展效率有正向影响，然而西北综合经济区、东北综合经济区和长江中游综合经济区的对外开放程度（open）对其绿色发展效率有负向影响。

五、本章小结

中国不同区域之间，区域内不同省份之间，绿色发展效率差异明显。因此，地方政府应找准自身短板，因地制宜地开展技术创新活动、调整产业结构、建立环境规制、实施对外开放，针对区域特征制定相应的绿色发展政策，以提高中国整体绿色发展效率，实现永续发展。

对于东北综合经济区和西北综合经济区，应努力改变高能耗、低效率的经济增长模式，在"双碳"目标下加快产业结构升级转型，减少科技资源投入冗余、增大科技创新成果的产出、提高经济效益输出，走一条以高质量发展为导向的经济增长之路，带动技术研发效率和成果转化效率的提高。要利用好科技创新这把尚方宝剑，提高绿色发展效率是实现高质量发展的必然选择。

对于北部沿海综合经济区、东部沿海综合经济区和南部沿海综合经济区，应充分利用其较好的经济基础，加大对科技创新活动的投入力度，在提高技术研发效率和成果转化效率的同时需注重区域内的均衡发展，实现科技创新活动中的科技资源投入、科技成果产出、经济效益产出与地区经济发展的匹配，推动绿色发展效率的提高。

对于黄河中游综合经济区、长江中游综合经济区和西南综合经济区，应加强对企业开展技术创新活动的政策支持，引导鼓励发展绿色技术，加大对技术研发环节和成果转化环节的投入，完善市场激励，营造科技创新大环境氛围，推动科技创新活动成熟发展，通过提高技术研发效率和成果转化效率构建绿色发展经济体系，充分发挥技术研发和成果转化在提高发展质量、提升绿色发展效率中的作用。

第六章

创新政策对绿色创新效率的影响

　　创新是促进国家和地区经济持续发展以及转型升级的核心驱动力，促进科技技术创新，提升核心竞争力已经成为各国发展的重要战略。纵观近代历史，西方发达国家经济的高水平发展以及在全球竞争中所占据的比较优势，与其雄厚的科研实力与创新能力密切相关。因此，众多发展中国家为实现本国经济的腾飞，也提出了"科技兴国"、"创新强国"等发展战略，以期通过国家顶层设计与宏观政策促进创新能力以及创新效率，进而提升国际竞争力。

　　改革开放40多年来，中国的科技创新水平以及国家创新能力显著提升。自1978年3月邓小平在全国科学大会上提出"科学技术是生产力"、"知识分子是为社会主义服务的脑力劳动者，是劳动人民的一部分"等论断起，我国的科技创新进入了新的篇章。随后1985年中央发布的《中共中央关于科学技术体制改革的决定》以及2006年初公布的《国家中长期科学和技术发展规划纲要（2006—2020年）》都表明了我国已经在战略上高度重视科学技术创新。

　　近年来，以习近平为核心的党中央更是高度重视创新，将创新发展理念列在五大发展理念之首，把创新摆在国家发展全局的核心位置。党的十九大报告中也强调"加快建设创新型国家，加强国家创新体系建设，强化战略科技力量"。在这种鼓励创新、崇尚创新的整体氛围下，我国在发展中更加注重对经济结构的调整、转型、优化以及升级，实施创新驱动发展战略，为实现创新发展创造了良好的环境。

《2018年全球创新指数报告》中显示，中国的创新能力居全球第17位，已经超过了加拿大、挪威、澳大利亚等发达国家，国家创新体系的整体效率已大大高于全球多数高收入经济体。显然，从国家层面来看，这些促进创新发展的宏观战略规划与公共政策无疑极大程度地激发了国家创新的活力，优化了创新投入与产出的结构，提高了整体的创新效率。

省级层面作为国家宏观层面与市县微观层面承上启下的部分，为提升本区域的创新效率，实现更高水平的发展，也制定了一系列地方性的创新政策。那么，这些创新政策作为地区公共政策的重要一环，是否对该区域的创新效率有积极影响？创新政策该如何进行分类？不同类型的创新政策对创新效率是否存在不同？如何科学地对创新政策、创新效率进行量化评价？本章以省级层面的创新政策与创新效率为研究对象，利用政府官方公开发布的创新政策文本、统计年鉴等资料与数据，通过科学的方法对创新政策与创新效率进行量化评估，验证在省级层面上创新政策对创新效率的影响，根据研究结果，为政府部门提出针对性的政策建议，以制定科学的创新政策，进一步提升创新效率。

一、创新政策的界定

创新政策一词是由两个词复合而成，即创新和政策。有关创新的创新理论最早是在 1912 年由经济学家熊彼特在《经济发展理论》一书中提出的，之后，国内外学者纷纷从理论与实证等不同角度对创新理论进行了研究、丰富与拓展。而政策则是国家权力机关、政党组织为实现自己所代表的阶级、阶层的利益与意志，以标准化的权威性文件规定的准则，应该达到的奋斗目标、需要完成的明确任务、实现目标的工作方式、一般步骤以及具体措施。创新政策作为政府促进创新活动的重要手段，也是创新理论的重要一环。尤其自 21 世纪以来，技术革命与管理创新越来越成为一国经济发展的重要因素，各国政府越来越重视对创新政策在实践上的运用，因此，相应地推动了学术界对创新政策的相关研究。已有文献表明国内外学者对创新政策的相关内容研究成果已较为丰富，但对创新政策的定义与内涵的界定尚未达成统一。

1982 年，经济合作与发展组织（OECD）提出创新政策这一概念，认为"创新政策既与政府的宏观经济政策密切相关，同时又致力于为科技创新提供有力的政策保障，从而实现将政府的经济、社会、产业政策、科技政策资金、能源、劳动力等各类资源整合成一个相关联的有机整体的目标"。从 OECD 的定义可以看出，人、财、物等方面的基本要素相关政策以及相关产业、环境支撑等配套政策等支持创新发展的各种要素都应该属于创新政策的范畴。除此定义之外，学术界早期认为，创新政策是旨在推动科学技术在产业的应用从而产生经济价值的政策。持类似观点的Dodgson 和 Bessant（1996）认为创新政策是一个综合性的概念，涵盖了企业、信息化基础设施、产业等各个方面。而随着对创新政策研究的不断深入，学术界对创新政策的理解也逐渐深化和细化，同时开始出现分歧。Rothwe（1986）等则认为创新政策包含了促进理论技术的科技政策与成果商业化的产业政策，Lundvall 和 Borras（2009）则着重强调了科学政策、技术政策与创新政策三类政策的区别，三种政策的侧重点各有不同。

我们从上述学者的观点中能够看出，学术界对创新政策的内涵与定义有各自不同的理解，存在含混不清的现象，与此相关的概念还有科学政策、技术政策、科技创新政策以及创新政策等。之所以会产生这种概念上的分歧，是因为科学、技术与创新三者之间既存在紧密联系，又存在显著差别。科学主要指基础研究，它强调通过研究产生新的理论和新的知识；技术则偏重应用研究，强调通过某种技术手段将基础研究的成果——理论与知识转化为实际的现实生产力，而创新包含的内容最广泛，既囊括了人才、资金、资源等基础组成要素，也包含了从初期的基本技术研发，到中期的技术成果转化再到最后的成果商业化与市场化的过程要素，还有发生创新活动所涉及的外部环境，是一个系统性的概念。

根据以上对科学、技术以及创新定义的阐述，我们能够初步厘清科学政策、技术政策和创新政策的区别：科学政策侧重为基础研究类的科研活动提供良好的环境条件，以便于形成新的观点或理论，为下一阶段的技术研发提供理论依据；技术政策侧重创造适合的社会条件来促进技术的发明与应用，也就是将技术应用于产业或市场中给企业带来经济效益；而创新政策则更为广泛，包含了从基础研发，到成果运用再到最终商业化产业化的整个发展阶段，其政策具有综合性的特点，三者之间既相互区分，也存在一定的重叠。对此，国外学者 Bryant（2001）对创新政策的这三个主要内涵的演化与发展阶段进行了界定和总结，他认为创新政策首先是政策，一定是随着政府的实践而不断变化：第一个阶段强调利用政策对基础科学研究加大投入，多表述为科学政策；第二个阶段越来越多的人开始意识到技术应用与基础研究的区别，进一步来说在某种程度上，现实生活中对技术的应用总是比基础研究产生更多的经济效益，因此第二个阶段的技术应用更加重要，故提出技术政策与科技政策的区别；第三个阶段是随着经济全球化与知识信息经济的加速发展，创新政策不再是单独的偏向性政策而是综合性的政策系统，强调整体性与系统性，在这一时期的研究均从整体与系统的视角来重新定义创新政策，即现阶段的创新政策所包含的内容更为广泛且更加全面，是在科技政策、技术政策内涵的基础上长度、宽度和深度的拓展与延伸。

尽管已有文献的众多学者对创新政策的内涵和定义存在一定的差异，各有侧重视角且众说纷纭，但总体来说我们也能看到一些基本共识：首先，创新政策的内涵广于科学政策与技术政策的内涵，其视角更为综合与系统；其次，创新政策的内涵根据实践的发展不断丰富其内涵，从科学政策到技术政策再衍生到创新政策；最后，创新政策是系统性的政策，包括了从基础的理论研究到最后的成果转化与商业化生产中，再到市场化产出效益的全过程，基础理论研究创新与技术研发创新的相关要素投入、环境营造、激励奖励等各种政策都被包含在创新政策范围内。

基于上述对"创新"的理解以及对创新政策内涵研究的归纳总结，本书认为狭义的创新政策是指在基础创新活动规律的基础上，去创造条件推动知识成果的商业化进程，提高创新效率，为经济建设服务而实施的措施之和。而广义的创新政策是指为整个社会营造有益创新的环境，引导创新主体的创新行为，激励其进行创新投入、提高创新水平，从而以创新驱动国家经济社会高质量发展的政策与措施的总和。

二、现行区域科技创新政策的比较与评价

（一）国内外现行的区域科技创新政策比较

创新政策的相关研究主要分为两大类：一是对创新政策的分类；二是对创新政策的量化与评估。在创新政策的分类上，其相关研究最早由学者 Rothwell 和 Zegveld（1985）提出，他们认为创新政策由科技政策与产业政策这两类政策融合而成，并根据这两类政策的特点进行了更为细致的划分，科技政策包括专利、职业技术教育、科学研究等；产业政策包括税收优惠、投资补助、产业结构调整等。Ergas（1986）以政策制定过程是否集中为标准，将创新政策分为高度集中的使命导向型创新政策和相对分散的扩散导向型创新政策；Johansson 等（2003）以政策工具为视角，认为创新政策包含了一般性政策工具与特定性政策工具两

类，其中一般性创新政策主要指作用于外部因素的政策，包括营造良好创新氛围与创新环境，提供各种制度上的支持等；特定性创新政策是作用于内部因素的政策，包括对创新要素的投入与使用 R&D 人员与资金的研发投入、技术引进、技术成果转化等。国内学者根据中国的实际国情，对创新政策的分类进行了较为深入的讨论。国内学者喻金田和吴倩（2010）以创新的类别作为区分标准，将创新政策分为技术创新、服务创新与创新环境政策。郭炬等（2015）以政府为视角，将创新政策分为政府财政政策和税收政策，并实证检验了两者对创新能力的促进作用。陈佳（2016）认为创新政策是综合性的政策系统，主要包含了金融财税政策、要素投入政策、资源环境政策、人才政策等，并认为这些政策能影响创新主体的创新能力。梁正（2017）、贺德方等（2019）则从科技创新政策体系入手，将创新政策划分为要素、主体、关联、环境、产业等几个大类，认为其综合性构成了创新政策的系统。

在政策量化与评估方面，早期研究可追溯至 Liecap 对矿产权的各项法规的量化研究，Pappas 和 Remer（1985）探讨了通过定性、半定量、定量这三种方法组合的方式对创新政策进行测量。Ruegg 和 Jordan 研究交通、能源税收和停车费用等交通政策措施，在量化打分上采用了 Hard、Soft、Push 和 Pull 四种评价维度。我国学者彭纪生（2008）借鉴了 Liecap（1978）的方法，创新了针对技术创新相关政策法规的政策量化标准手册，主要包括了政策力度、政策目标与政策措施三个部分的内容。张永安（2017）运用技术创新的相关理论，基于政策文本，将区域创新政策分为政策目标、政策措施与政策对象，构建 PMC 模型，对国家、北京出台的创新政策进行了量化。黄萃等（2015）基于社会网络分析理论，对创新政策联合发文的机构进行合作网络分析，研究我国创新政策的府际合作。王帮俊和朱荣（2019）设计了政策效力的评估模型，对产学研协同创新政策进行了政策实施效果的分析。

（二）现行的区域科技创新政策评价

以上文献为本书在创新政策与创新效率方面进行相关研究奠定了坚实基础。然而，总体而言，国内外现有研究尚存在些许不足，本节主要从以下几个方面进行简要评述：

第一，创新政策的量化上有待深化。创新政策更多是在理论上的阐述，在创新政策的计量上主要利用政策的文本进行关键词分析，这种方法不能从整体上反映政策的具体内容，需要针对政策的主要内容设置具体的变量进行测算。

第二，创新政策与区域创新效率关系的研究有待深化。现有文献对创新政策对创新效率的影响多基于国家层面的宏观分析和企业微观视角，鲜有文献基于省级或区域层面分析创新政策对创新效率的影响，本书以省级层面的创新政策与创新效率为研究对象，利用政府官方发布的创新政策、统计年鉴等资料与数据通过科学地量化创新政策与创新效率，验证省级层面上创新政策对创新效率的影响，并根据研究结果，为政府部门提出针对性的政策建议，以制定科学的创新政策，进一步提升创新效率。

三、创新政策的样本分析①

（一）政策样本选择

本章主要研究我国 2009～2018 年省级层面的创新政策如何影响该区域的绿色创新效率，由于全国各地区之间发展差异较大且各具特色，因此各省份的创新政策具有地域差异性。在查阅了有关创新政策的文献研究之后，我们发现创新政策的种类繁多且所覆盖的范围较广，由于本书研究的主要内容为绿色创新效率与创新政策的联系，即有关绿色和创新的政策对地区绿色创新效率的影响是什么？正向还是负向？因此，本节对创新政策进行梳理与归类，以便在实证检验环节对创新政策进行量化。

考虑到划分结果的权威性和完整性，本书参考梁正（2017）以及贺德方等（2019）对创新政策的划分方法，并结合各地区创新政策的内容特点，将创新政策细分为创新要素政策、创新主体政策、创新网络政策、产业创新政策、创新环境政策五个类别。为确保所得数据的完整性和可获得性，选取了除西藏、香港、澳门、台湾外的 30 个省区市 2009～2018 年的各省级政府所发布的创新政策，所选取的政策文本均为公开资料，创新政策的文本主要通过各省政府、科技厅以及法律之星等网站进行查找，在阅读

---

① 本节作者为张静、王娟。

政策文本后进行对比、筛选并按照内容进行归类。同时，为确保创新政策选取的准确性，依据以下选取原则及标准进行确定：①选择省级层面的创新政策范围，即省级政府及其直属机构所颁布的创新政策。②选取为促进绿色、创新所制定的地方性法律法规以及各类为促进绿色、创新所颁布的政府文件所界定的内容（如意见、决定、规划、办法、通知等）。③选取政策文本的主题与绿色、创新直接相关的变量，仅部分不重要信息中提到支持绿色或创新发展的政策不计入其中。

（二）政策样本的分类

根据上一小节对创新政策的划分：创新要素政策、创新主体政策、创新网络政策、产业创新政策、创新环境政策。其中，创新要素政策又包括人才政策、科技投入政策、基础设施政策三个细分类别；创新主体政策包括企业创新政策和科研创新政策。接下来针对这些细分类别对我国现有政策及主要目标实施情况进行简要介绍：

1. 人才政策

人是一个国家或地区的关键要素，同样地，创新人才政策一直是中国整个创新政策体系的重中之重，《"十三五"国家科技创新规划》明确指出"创新驱动实质是人才驱动"。中国的创新型人才大致上可以分为五个类别，分别是理论研究型人才、技术开发型人才、科技管理型人才、科技创业型人才和技能实践型人才。

中国创新人才政策的主要目标为：对不同类型不同层次的人才进行合理的梯次布局，使人才队伍衔接有序；引进和支持"高精尖缺"型人才并赋予其更大的自主权，鼓励他们成立并带领团队在重点领域作出突破；开发人才培养新模式，培养专业性人才、特殊行业人才、给予人才优厚待遇、剔除人才流动障碍，真正达到人尽其用的程度。为达到上述目标所使用的微观政策工具有：实施《中长期青年发展规划（2016—2025年)》，建立有助于青年科技人才成长的用人制度；探索和实行人才的科学化分类管理与评价机制；深化高校创新创业教育改革，实施"高等学校人工智能创新行动计划"；完善"产学研"协同育人模式，改革博士后制度，改进科研人员岗位管理制度，建立外籍科学家领衔国家科技项目的机制以及探索建立技术移民制度等。

2. 科技投入政策

中国科技投入政策的目标是：建立并逐步完善多元化的科技投入体系、完善任务与资源间的配置与衔接并提升资源配置效率。为达到上述目标所使用的创新政策工具包括：协调创投、风险补偿、贷款贴息等多渠道金融手段，形成稳定支持和竞争性支持协调融和的、由国家科技创新战略规划引导资源配置的科技投入体制与机制；按照"新五类"中央财政科技计划的定位布局、配置科技资源，并建立科研资金信用管理、预算绩效制度和监管机制。

3. 基础设施政策

对于一个国家或地区而言，物是支持行为的基础设施建设。中国目前基础设施政策的主要目标为：科技资源共享平台的系统布局与建设以及科研条件保障能力的提升。为达到上述目标所使用的创新政策工具包括：发布《关于国家重大科研基础设施和大型科研仪器向社会开放的意见》和《科学数据管理办法》，整合和完善科研仪器与设施、科技文献、生物资源与实验材料共享服务平台体系；发布《国家科技资源共享服务平台管理办法》，建立科技资源公开制度和资源共享平台绩效考核与监管机制；推进科学机器设备、实验动物、科研试剂与国家质量技术基础等科研条件保障建设。

4. 企业创新政策

中国创新主体政策的目标主要在于促进"双创"，即提升高校和科研院所的创新能力及企业的创业能力。它分为三部分，分别是企业创新政策、高校和科研院所创新政策以及科技创新基地政策等。中国企业创新政策的主要目标为：培育一批具备创新特质的国际领军企业、鼓励支持科技型中小微企业发展并推动创新资源向企业集聚。因此，中国颁布了以下具体创新政策工具以实现企业创新政策的目标：推进创新企业百强工程；完善和落实国企技术创新导向的业绩考核制度；落实《关于推动民营企业创新发展的指导意见》，支持企业牵头承担国家科技计划项目；在创新龙头企业布局企业国家重点实验室。培养掌握"专精特新"技术的中小微型企业；通过国家创业投资的引导基金实现企业资源的合理有效配置；建立创新服务平台为那些致力于创新的中小微企业提供各类专家在线指导和优先服务。

5. 科研创新政策

中国高校与科研机构创新政策的主要目标为：提升高校在人才培养、学科建设、科研能力以及社会服务方面创新导向的综合能力，加强科研院所在基础研究和行业技术开发方面的引领作用并为培育新型研发机构作出不懈努力。为达到上述目标所使用的创新政策工具包括：实施"高等学校创新能力提升计划"和"中科院率先行动计划"，加快建设现代大学和现代科研院所制度；落实《关于深化高等学校创新创业教育改革的实施意见》，推进高校科研体制改革和科研院所分类改革；支持社会化、市场化、专业化的新型研发机构发展。中国科研机构政策的主要目标为：加强整合优化高水平创新人才和创新资源的能力，聚焦国家层面的宏观目标和重大科技任务的实现，形成引领发展的战略科技力量。具体的创新政策工具包括：发布《国家科技创新基地优化整合方案》，对现有基地进行整合分类并完善管理和评估机制，布局建设面向未来的国家实验室并对现有国家重点实验室进行优化布局，聚集面向产业的国家技术创新中心并形成动态调整和有序退出的机制。

6. 创新网络政策

现阶段中国创新网络政策目标主要在于促进创新主体之间的互联互通，形成创新资源的互通和共享，进而实现创新资源的高效配置并产生协同创新效应。中国创新网络政策的主要目标为：深化产—学—研协同创新机制，依托"一带一路"建立协同创新共同体，融入并布局全球创新网络，提升科技服务业发展水平，建设创业孵化体系，完善科技成果转移转化机制以及完善支持科技创新的金融体系。为达到上述目标所使用的创新政策工具包括：在高校与科研院所等科研基地设置一些流动岗位试点以提供给企业人员作为兼职合作；联合"一带一路"沿线国家联合建立研究中心与技术示范基地，在"一带一路"沿线国家建设数据共享平台与技术信息网络；实施"科技伙伴计划"，与具备技术优势的国家联合起来共建研究和技术转移中心；围绕创新链健全科技服务标准体系，培育科技服务领军企业；实施《"十三五"技术市场发展专项规划》，建立技术交易规范流程和国家技术交易网络平台；支持科技服务机构"走出去"和"引进来"；建设众创空间、"星创天地"等支持创新创业的孵化服务基地；运用国家科技成果转化引导基金引导社会资本设立创投子资金，建立知识产权质押融资市场化风险补偿机制，设立专利保险试点；深化创业板改革。

7. 产业创新政策

中国产业创新政策强调要聚焦关键技术、促进产业技术进步，提升产业国际竞争力、支持民生改善和可持续发展、保障国家安全和战略利益。中国产业创新政策的主要目标为：通过发展现代农业、信息、智能绿色服务制造、新材料、清洁能源、交通与装备、生物现代服务等技术提升产业国际竞争力；通过发展生态环保、资源循环利用、人口健康、新型城镇化、公共安全与社会治理技术改善民生并促进可持续发展；通过发展海洋、空天、深地极地技术及国家安全和反恐技术保障国家安全和战略利益。为达到上述目标所使用的创新政策工具包括：深入实施国家科技重大专项并部署启动"科技创新2030重大项目"，促进已部署的重大专项成果转化进而实现新技术产业化，并围绕创新链根据不同产业的创新发展规律和需求因产施策，如实施《促进汽车动力电池产业发展行动方案》。

8. 创新环境有关政策

创新环境包括很多方面，如生态环境、金融环境、政策落实等。现阶段中国创新环境政策目标主要在于调节创新主体与周围环境间的相互影响并通过创造更适宜的政策法规、社会文化等环境助力创新发展。由此，中国创新环境政策的目标主要包括：一方面是深化科技管理体制改革，完善和落实创新政策法规；另一方面是提升公民科学素质，加强科普能力建设，营造激励创新的文化氛围。为达到上述目标所使用的创新政策工具包括：实施《深化科技体制改革实施方案》，推动全面创新；审查和完善现有与创新相关的法律法规文件与保障体系，加强专业领域立法，如推动科技资源共享立法，制定天使投资管理的相关法规制度；将普惠性财税政策作为国家支持企业技术创新的主要方式；加强知识产权保护并建立海外维权援助机制；实施中央财政科技计划的全流程知识产权管理并建立相应的财产评估制度；完善技术标准体系及其与科技创新、专利保护的互动机制；建立创新政策协调审查机制与调查评价制度；开展面向青少年开放实验室等科研设施的体验项目，支持并鼓励在校大学生开展创新创业的实践项目；开展面向农村农民的科普知识，增加并拓展现有科普媒介渠道；举办面向政府官员的科技讲座；因地制宜建设科普活动场所和设施，加大对优秀科普作品的物质与精神双重奖励；完善科研诚信制度并加强监管，通过宣传事迹、树立典型等方式培育创新文化、弘扬企业家精神。

四、政策因素与区域创新效率的关系假设

　　本节从政策角度入手，结合现有理论对影响各省份创新效率的政策因素逐一进行分析，厘清各个政策因素与区域创新效率的具体关系以及影响机理，为实证研究打下理论基础。经过对现有文献的梳理与总结，结合创新政策分类的论述，重点就以下分类因素对区域创新效率的影响进行分析。

（一）创新要素政策与区域创新效率关系假设

　　创新要素政策主要包含了人才政策、财政政策与基础设施政

策，分别对应人力、财力与物力三种因素。本书通过文献研究和理论分析，对创新要素政策与创新效率之间的关系提出以下的假设。

H1：人才政策对区域创新效率有显著的正向影响。

任何活动都离不开人的参与，同样，一项创新活动的形成离不开科技人才的加入与支持，人力资本被作为影响区域创新的重要因素。在现有研究中，大部分学者均认为人力资源对区域创新效率有明显的正向影响。苏屹等（2017）认为，创新型人力资本投入对区域创新效率有正向的推动作用；芮雪琴（2015）认为科技人才的聚集强度对于区域创新效率有明显的促进效应；汪彦也指出人力资本因素对区域创新有积极的正向作用。从政策角度来看，人才政策一方面能吸引与培育充足的技术创新人才，加速科技创新人才的聚集，从而形成强大的人力资本，为区域创新提供优秀的人力基础；另一方面，人才政策能通过激励与保障机制去鼓励人才进行一系列创新行为，增加地区的创新产出，进而提升区域的创新效率。刘轩（2018）的研究也实证了这一结论，其研究结果表明人才政策对创新效率有显著的正向影响作用。

H2：财政政策在一定范围内对区域创新效率有显著的正向影响。

科技创新提升地区创新效率。可以说，除作为能动性主体的人才外，政府财政支持投入提供的资金支持是提升创新效率的必要条件。但通过查阅文献可知，地区财政政策对区域创新效率的影响相对复杂，李苗苗（2014）就曾指出，财政政策对科技创新在某个特定范围内产生积极影响，但是不在这个范围内的财政支持则会抑制技术创新，即财政支持会在一定程度上通过挤压企业资金而对创新行为产生抑制作用；卢盛峰和刘潘（2015）在研究中提到实际上存在理论上最优的财政支出规模，达到这种财政规模才能最大限度地激励区域创新行为，并且财政支出与科技创新在一定范围内相互促进。从政策角度来看，财政政策一方面能通过政府的财政支出补齐资金短板，为区域创新提供必要的资金基础，以激发区域的创新活力；另一方面若财政支出规模不合理，投入不足或投入冗余都会对最终的区域创新效率产生不良影响。

H3：基础设施政策对区域创新效率有显著的正向影响。

发达的基础设施是实现区域发展与创新的重要物质基础。完善的基础设施能保障资源、信息等要素互通互流，进而促进创新效率的提升。蔡晓慧和茹玉骢（2016）指出基础设施建设对创新产出量有显著的正向影响；孙早和徐远华（2018）也认为信息基础设施建设对创新效率有显著的促进作用；王鹏也指出基础设施主要是为区域发展提供了良好环境，极大推动了区域创新。从政策角度来看，基础设施建设政策一方面能为区域创新创造良好的条件；另一方面通过管理和优化布局能进一步实现创新资源的开放与共享，提升区域创新的效率。

（二）创新主体政策与区域创新效率的关系假设

创新主体政策主要包含了企业创新政策与科研机构管理政策。企业、科研机构作为创新活动的主要主体，显然是地区科技创新活动的主力军，其创新效率与创新能力在很大程度上代表了该区域的创新效率。从政策角度来看，在企业方面，主要是各工业企业通过 R&D 经费投入表示；在科研机构管理方面，从字面意思上看主要是政府制定完整且明确的技术管理制度，扩大科研机构的自主权，鼓励企业进行自主创新与基础理论科学研究等政策，本书通过科研机构的数量来表示这一政策。

H4：企业创新政策对区域创新效率有显著的正向影响。

企业在区域创新活动中占主体地位，其创新活动能直接产生经济效益，并反映在区域创新的效率中。在现有研究中，刘焕鹏和严太华（2014）、张莉侠等（2018）均认为技术引进对创新效率有显著的正向影响；洪俊杰指出自主研发与企业创新效率呈正相关关系；李光泗和沈坤荣（2011）提出，自主研发与技术引进皆对创新效率有促进作用，且自主研发的正向影响相比技术引进更为显著。从政策角度来看，企业创新政策能促进企业的技术引进与自主研发创新，进而提升区域创新效率。

H5：科研机构管理政策对区域创新效率有显著的正向影响。

科研机构是基础理论研究与技术自主创新的领头军，但是我们都知道，科研机构的创新行为并不能直接对社会产生经济效益，主要通过产—学—研合作的方式将理论研究成果应用到企业，企业通过生产出新产品扩大地区效益，包括直接的经济效益和知识溢出产生的间接效益，进而影响一个区域的绿色创新效率。李柏洲和周森（2015）在研究中明确阐述了科研机构创新对区域创新效率的影响和具体的作用机制：科研机构作为价值链的第一环首先进行内部的技术创新，然后通过与创新导向的企业进行产—学—研合作等模式将新技术与企业需求匹配，提升企业产出效率进而促进区域创新效率的发展。从政策角度看，科研机构的管理政策能使其将技术创新与市场结合，进而促进区域创新效率的提升。

H6：创新网络政策对区域创新效率有显著的正向影响。

创新网络政策指在三阶段创新价值链中高校、科研机构与企业的技术与知识等要素的互通，一个地区的创新效率不仅与各个创新主体的自身能力有紧密的相关关系，更重要的是各个主体及要素之间的相互关联程度，基础阶段的理论知识研究若不能转化到第二阶段的技术专利或者第二阶段的专利不能转化为企业的创新产品从而进行产品的商业推广以产生经济效益，那么创新活动就不能连续地发展，区域创新效率就会大大降低。从政策角度来看，创新网络政策主要就是要破除各类要素相互流动的障碍，提升技术研发和成果转化等各阶段的转化效率，提升区域整体的创新效率。例如，在科技成果转化方面，就是要促使技术成果迅速应用于市场并产生经济效益。

（三）创新环境政策与区域创新效率的关系假设

H7：创新环境政策对区域创新效率有显著的正向影响。

良好的创新环境是实现创新的基本前提，区域创新效率离不开良好的创新环境，有了良好的创新环境，才更能激发创新创业的热情，保障创新主体的利益，形成敢于探索、敢于试错的创新氛围，催生更多新的技术成果与技术产品，进而提升区域创新效率。赵付民和邹珊刚（2005）认为区域创新环境与区域创新效率显著正相关，营造良好的创新环境是提升创新效率的关键；周景坤和段忠贤（2013）认为区域创新环境与区域创新效率相互之间存在显著的关系，改善区域创新环境能提升创新效率，创新效率的提升亦能进一步完善创新环境；李玲和陶厚永（2015）在研究中发现创新环境越具有包容性，区域创新效率越好，因此营造良好且具有包容性的创新环境能提升区域创新效率。从政策角度来看，政府能通过创新环境政策优化公共服务，降低技术创新活动的门槛，同时建立完善的法律制度保护知识产权，保障创新主体利益，营造良好的创新生态环境，提升区域创新效率。

（四）产业创新政策与区域创新效率的关系假设

H8：产业创新政策对区域创新效率有显著的正向影响。

已有研究中产业创新政策被界定为产业发展提供前端的科技供给，并为产业发展的类型、产业发展的规划给予充足创新资源与配套的政府政策，以地区产业发展带动区域技术创新，进而提升区域的创新效率。王晓珍和邹鸿辉（2018）指出综合性的产业政策能明显推动创新效率的提升；于树江和赵丽娇（2019）认为产业政策能正向激励技术创新；乔治程等（2018）也认为地方产业政策对区域的创新活动有明显的促进作用。从政策角度看，政府通过产业政策为产业的发展与创新提供必要的支持，加快新产品从研发到产出再到市场推广的整个过程，以有效提升区域创新效率。

五、创新政策变量的选择与实证分析

本章所用的创新政策数据来源于国家统计局、《中国科技统计年鉴》、《中国环境统计年鉴》，文本材料来源于各省政府、科技厅公布的正式官方政策；创新效率数据则来源于第三章所测算的综合效率值，测算效率所需的投入产出数据来源于历年《中国统计年鉴》、《中国科技统计年鉴》及各省份公开发布的数据。

在自变量与因变量的选取上，将创新政策分为要素政策、主体政策、关联政策、环境政策与产业政策五个维度，并根据每个维度中具体所包含的内容进一步细化，选取具体的表征指标作为实证检验的自变量。区域创新效率分为综合效率、技术效率与规模效率，由于综合效率＝技术效率×规模效率，因此综合效率更具有代表性，选取综合效率指标作为因变量。下面对变量选取的具体情况进行说明：因变量为全国30个省区市的绿色创新效率的综合效率值。

（一）核心自变量的选择

1. 人才政策：R&D 人员全时当量/在校大学生数

本章用人才政策（X_1）来衡量人力资本创新要素对区域绿色创新效率的影响，替代变量为各省区市对应年份 R&D 人员全时当量占每十万人平均在校大学生数的比重。

2. 财政政策：政府资金/R&D 经费内部支出

用财政政策（X_2）的得分来衡量资金创新要素对区域创新效率的影响，分析原始数据为各省区市对应年份政府资金、R&D 经费内部支出。

3. 基础设施政策：邮电业务总量/GDP

基础设施政策用邮电业务总量（X_3）的得分来衡量创新要素对区域创新效率的影响，分析样本为各省份对应年份邮电业务总量占 GDP 比重。

4. 企业创新政策：R&D 经费内部支出/GDP

采用 R&D 经费内部支出在地区生产总值中的份额（X_4）来衡量企业为技术引进与自主研发创新而制定的政策对区域创新效率的影响。

5. 科研机构管理政策：科研机构数量

采用科研机构数量的对数表示科研机构管理政策（X_5）来衡

量政府为科研机构提升基础研究与技术自主创新水平而制定的政策对区域创新效率的影响。

6. 创新网络政策：企业资金/R&D 经费内部支出（X_6）

企业、大学和研究机构是区域创新体系的创新主体和基本力量，三者之间的互动对创新效率有重要影响。采用企业资金在高校和科研机构募集的科技资金总额中的比例。

7. 创新环境政策：环境治理投资额/GDP（X_7）

创新环境包括生态环境、要素环境、金融环境等，从生态环境视角选取创新环境对区域创新效率的影响，分析样本将各省对应年份的地区环境治理投资额与地区生产总值作为代理变量。

8. 产业创新政策：第三产业增加值/GDP（X_8）

产业布局在中国的经济发展中占据关键的地位，从以第二产业为主的粗放经济发展模式到向服务业逐渐过渡的高质量发展模式表明产业分布对创新发展的作用，采用第三产业增加值占地区生产总值的比重来衡量政府为促进产业创新发展而制定的政策对区域创新效率的影响。

（二）控制变量的选择

1. 各省份经济发展水平：各地区 GDP

一个地区的经济发展水平与其绿色创新活动的进行密切相关。新经济增长理论中就提到了经济增长的源泉是当地内生技术的进步，因此，绿色创新能力的提高促进了经济发展水平。而反过来说，无论是高校和科研院所的科研创新还是企业的成果转化，创新价值链的每一个环节都需要耗费大量的人力、物力、财力。如果一个地区的经济发展水平较高那么就可以提供足够的绿色创新要素，从而推动地区的技术创新能力、推动该地区绿色创新活动的顺利进行。绿色创新活动的顺利进行带来的地区经济的发展由此形成良性循环。选取各地区 GDP（*gdp*）作为地区经济发展水平的指标，构建该指标的目的在于实证分析不同经济水平与区域创新效率之间的关系。

2. 各省份人口受教育水平：各省份大专及以上学历/地区总人口数

受教育水平的高低会影响人们对事物的认知，从而影响由认知所导致的行为，最后影响区域绿色创新效率。具体而言，公众的受教育水平越高，他们对于创新效率的提升与地区经济发展的关系的认知就越清楚，因此也更加会对创新持有宽容甚至是支持的态度，从而能够促进创新主体的一系列创新活动，达到提升区域绿色创新效率的目的。采用各省份大专及以上学历学生数占地区人口的比重（*edu*）来衡量影响区域绿色创新效率的公众参与因素。

3. 对外开放水平

对外开放对绿色创新效率的作用主要体现在两个方面。一方面，对外开放能对东道国或地区提供技术研发的资金支持；另一方面，虽然对环境标准较低的国家或地区来说对外开放可能会造成污染，降低绿色创新效率。但是同样它也会反作用于东道主国家，促使其提升生产环境标准以及外商投资的环境标准，从而促进绿色创新效率的提升。一个良好的对外开放环境可以促进国际化资金、人力、技术和信息等生产要素流的流动，推动我国及各地区绿色创新的发展。对外开放有利于企业对绿色技术的运用，有助于绿色技术创新的发展。采用各省区市实际利用外资中的外商直接投资（万美元），来衡量影响区域绿色创新效率的对外开放水平。

（三）实证检验

1. 模型设定与变量说明

运用固定效应（*FE*）模型来分析以上 11 个变量构成的数据集，其模型表达式为：

$$GIE = \beta_0 + \beta_1 X_1 + \beta_2 X_2 + \beta_3 X_3 + \beta_4 X_4 + \beta_5 X_5 + \beta_6 X_6 + \beta_7 X_7 +$$
$$\beta_8 X_8 + \beta_9 gdp + \beta_{10} edu + \beta_{11} fbi + \mu i$$

其中，*GIE* 代表 30 个省区市的综合绿色创新效率值；X_1 代表全国 30 个省份对应年份 R&D 人员全时当量占在校大学生数的比重；X_2 代表全国 30 个省份对应年份政府资金占 R&D 经费内部支出的比重；X_3 代表全国 30 个省份对应年份邮电业务总量占 GDP 比重；X_4 代表全国 30 个省份对应年份 R&D 经费内部支出占 *GDP* 的比重；X_5 代表全国 30 个省份对应年份科研机构数量；X_6 代表全国 30 个省份对应年份企业资金占 R&D 经费内部支出的比重；X_7 代表全国 30 个省份对应年份的环境治理投资额占 GDP 比重；X_8 代表全国 30 个省份第三产业增加值占 GDP 的比重；*gdp* 代表各地区 GDP；*edu* 代表全国 30 个省份的大专及以上学历占地区总人口的比重。*fbi* 代表各省份实际利用外商投资额。政策分类及变量与测量的具体情况如表 6.1 所示。

2. 变量的相关性检验

（1）变量的描述性统计。共有 300 个研究样本，选取的变量数据的描述性统计分析如表 6.2 所示。样本最大值和最小值之差越大，表明数据差异越大，研究对象越不稳定。2009～2018 年中国 30 个省份的绿色创新效率的最大值为 1，最小值为 0.0578，说明中国各地区的绿色创新效率的差距大，少数地区创新效率远远高于其他省份，地区差异较大。人才政策最大值为 300.0523，

表 6.1　政策分类及变量与测量情况

变量类型	变量名称	变量定义	变量符号
核心自变量	人才政策	R&D 人员全时当量/在校大学生数	X_1
	财政政策	政府资金/R&D 经费内部支出	X_2
	基础设施政策	邮电业务总量/GDP	X_3
	企业创新政策	R&D 经费内部支出/GDP	X_4
	科研机构管理政策	科研机构数量	X_5
	创新网络政策	企业资金/R&D 经费内部支出	X_6
	创新环境政策	环境治理投资额/GDP	X_7
	产业创新政策	第三产业增加值/GDP	X_8
控制变量	经济发展水平	各地区 GDP	gdp
	人口受教育水平	各省区市大专及以上学历/地区总人口	edu
	对外开放水平	实际利用外商投资额	fbi

表 6.2　变量描述性统计结果

变量	均值	样本量	最大值	最小值	标准差
Y	0.4960	300	1	0.0578	0.3259
X_1	44.2766	300	300.0523	2.1039	49.5448
X_2	0.2448	300	0.6081	0.0687	0.1374
X_3	0.0504	300	0.1565	0.0198	0.0281
X_4	0.0164	300	0.0565	0.0035	0.0108
X_5	119.9967	300	396	18	67.9861
X_6	0.7135	300	0.9139	0.0464	0.1542
X_7	1.4326	300	4.24	0.3	0.7229
X_8	0.4702	300	0.8309	0.3228	0.0903
gdp	20756.62	300	99945.2	939.7	17594.46
edu	0.2510	300	0.6410	0.1043	0.0862
fbi	770596.7	300	3575956	446	773695.7

最小值为 2.1039。财政政策最大值为 0.6081，最小值为 0.0687，均值为 0.2448。基础设施政策最大值为 0.1565，最小值为

0.0198，均值为 0.0504。企业创新政策的最大值为 0.0565，最小值为 0.0035，均值为 0.0164。科研机构管理政策的最大值为 396，最小值为 18，均值为 119。创新网络政策的最大值为 0.9139，最小值为 0.0464，均值为 0.7135。创新环境政策的最大值为 4.24，最小值为 0.3，均值为 1.4326。产业创新政策的最大值为 0.8309，最小值为 0.3228，均值为 1.4326。

（2）相关性检验。在进行回归分析前，先要对自变量与因变量之间的相关性进行检验，根据相关系数与 p 值来判断是否适合做回归分析，具体结果如表 6.3 所示。

表 6.3 变量相关分析

	Y	X_1	X_2	X_3	X_4	X_5	X_6	X_7	X_8
Y	1								
X_1	0.345***	1							
X_2	−0.055	−0.444***	1						
X_3	−0.012	−0.078	0.203***	1					
X_4	0.605***	0.351***	0.148**	−0.158***	1				
X_5	0.182***	0.341***	0.200***	−0.100*	0.617***	1			
X_6	0.034	0.408***	−0.929***	−0.164***	−0.198***	−0.231***	1		
X_7	−0.189***	−0.315***	0.024	−0.073	−0.131**	0.009	−0.005	1	
X_8	0.505***	0.049	0.332***	0.056	0.677***	0.355***	−0.372***	−0.033	1

注：***、**、*分别表示在1%、5%和10%的显著性水平上通过检验。

从表 6.3 的相关性分析结果可以看出，全国各地区绿色创新综合效率与人才政策、企业创新政策、科研机构管理政策、创新环境政策、产业创新政策均在 1% 的水平上显著正相关，从而初步证实了 H1、H4、H5、H7、H8；区域绿色创新效率与财政政策、基础设施政策在此显示不相关，因此 H3 暂时搁置待讨论。从相关分析来看，本书所选变量表征各项政策与区域绿色创新效率的关系基本是可靠的，除财政政策、基础设施政策、创新网络政策与绿色创新效率未显示出相关性外，其余变量均能够在很大程度上有效解释区域创新综合效率。

3. 回归分析

由于全国各省区市之间的同期活动可能会存在一定的关联性，因此，在正式回归之前首先对研究所用的数据进行组间异方差、组内自相关和组间同期自相关三种类型的检验。检验结果如表 6.4 所示，结果显示在 8 个模型中，30 个省份的数据之间均存在异方差性和组间同期相关，但不存在一阶组内自相关。由此，采用允许异方差和同期相关存在的广义最小二乘法（FGLS）进行回归估计。相关模型的回归结果如表 6.5 ~ 表 6.12 所示。

表 6.4　异方差和组间自相关检验结果

	组间异方差检验	组间自相关检验	组间同期相关检验
模型 1	存在组间异方差	不存在组内自相关	存在组间同期相关
模型 2	存在组间异方差	不存在组内自相关	存在组间同期相关
模型 3	存在组间异方差	不存在组内自相关	存在组间同期相关
模型 4	存在组间异方差	不存在组内自相关	存在组间同期相关
模型 5	存在组间异方差	不存在组内自相关	存在组间同期相关
模型 6	存在组间异方差	不存在组内自相关	存在组间同期相关
模型 7	存在组间异方差	不存在组内自相关	存在组间同期相关
模型 8	存在组间异方差	不存在组内自相关	存在组间同期相关

表 6.5　模型 1 回归分析结果

Y	系数	标准差	z	$p>\|z\|$	置信区间	
X_1	0.0018316	0.0003761	4.87	0.00	0.0010945	0.0025688
$\ln gdp$	0.0625122	0.0278225	2.25	0.03	0.0079811	0.1170433
edu	1.843008	0.5114259	3.6	0.00	0.8406317	2.845384
$\ln fbi$	−0.0354143	0.0163304	−2.17	0.03	−0.0674212	−0.0034074
常数	−0.1827268	0.1937379	−0.94	0.35	−0.5624461	0.1969924

模型 1 是将表示核心变量——人才政策的变量 X_1（R&D 人员全时当量/在校大学生数）、地区生产总值的对数、人口受教育水平、表示对外开放水平的实际利用外商投资额的对数几项控制变量纳入方程中，以验证人才政策对绿色创新效率的影响大小、方向。结果表明人才政策对区域绿色创新效率具有显著正相关性，并且其系数值为正。这就表明完善的人才政策有利于地区绿色创新效率的提升，同时验证了 H1，也与以往文献研究结果一致。人作为创新活动的主观能动性实施者，一切创新活动都离不开人的参与，关键性的人才对于技术创新的突破与应用具有重大意义，而促进人才流动的人才政策的实施能够对区域发展产生两个方面的作用。一是通过实施人才政策能为区域吸引与培育更多的关键性技术人才，加速当地科技创新人才的聚集，同时地区实施各种人才激励政策来激发人的主观能动性，促进区域知识累积用以研发与创新等技术活动，提高企业的创新产出从而促进创新效率的提高。二是除从发展前景考虑激励人才外，地区对于人才提供的社会福利与保障性政策对于区域留住人才也是至关重要的一项，社会福利的输出能够为区域的创新行为持续提供动力，对创新效率形成长期有效的正向影响。

表 6.6　模型 2 回归分析结果

Y	系数	标准差	z	p > | z |	置信区间	
X_2	− 0. 4884016	0. 1761535	− 2. 77	0. 006	− 0. 8336561	− 0. 1431471
lngdp	0. 1030917	0. 0268651	3. 84	0. 000	0. 0504371	0. 1557462
edu	1. 850439	0. 4865272	3. 8	0. 000	0. 8968627	2. 804014
lnfbi	− 0. 0377385	0. 0135816	− 2. 78	0. 005	− 0. 064358	− 0. 011119
常数	− 0. 3552608	0. 2213975	− 1. 6	0. 109	− 0. 789192	0. 0786704

　　将模型 1 中的人才政策替换为表征财政政策的变量（政府资金/R&D 经费内部支出）之后得到模型 2。模型回归结果依然显示绿色创新效率与财政政策呈现显著相关性，且 p = 0. 006 < 0. 1 即财政政策对区域绿色创新效率达到了 1% 水平的显著水平，但是回归系数为负数，表明财政政策与区域绿色创新效率在统计学意义上具有负相关性，H2 不成立，换句话说，政府资金的投入与使用在一定程度上阻碍了当地绿色创新水平的提升。产生这种结果的主要原因可能有以下两个方面：一是政府财政资金的投入存在使用上的无效率，由于不合理的资金使用方式、结构以及政府资金管理方面的缺失，导致实际的资金投入不能真正作用于企业新产品的技术研发与创新，从而难以形成有效的创新产出，最终显示的就是地区绿色创新效率的低下。二是财政政策的资金投入可能会在时间上存在相对滞后性。主要包括两个方面：其一，政府从财政政策的颁布到实际资金的拨付再到资金的实际运用，各个环节之间都会存在时间上的滞后，这可能使得财政政策对区域创新效率的影响不显著，从而导致在研究地区财政政策对绿色创新效率的影响时表现为阻碍，也就是未发挥正向作用的影响就表现为抑制；其二，政府投资可能挤出企业研发投资，导致研发投资不足，在一定程度上抑制企业创新，使回报为负，尽管财政

支持可以有效解决企业创新和研发活动资金不足的问题，促进企业开展有效的创新活动。

表 6.7　模型 3 回归分析结果

Y	系数	标准差	z	p > | z |	置信区间	
X_3	0.7957218	0.4421613	1.8	0.072	− 0.0708985	1.662342
$\ln gdp$	0.1532204	0.042192	3.63	0.00	0.0705255	0.2359153
edu	1.691298	0.3384643	5	0.00	1.02792	2.354676
$\ln fbi$	− 0.0392403	0.0231172	− 1.7	0.09	− 0.0845493	0.0060686
常数	− 0.9329317	0.2896148	− 3.22	0.001	− 1.500566	− 0.3652971

　　核心变量 X_3 表示基础设施政策，其代理变量为地区邮电业务总量与地区生产总值的比值。模型 3 的回归结果见表 6.7，显示基础设施政策通过了 90% 水平下的显著性检验（p = 0.072 < 0.1），并且其系数值为正，这就表明政府越重视创新基础设施的建设与升级改造，制定的相关基础设施政策越完善，其区域绿色创新的效率就会越高，验证了 H3。我们都知道，基础设施建设作为一切企业、单位和居民生产经营工作和生活的共同物质基础，既是物质生产的重要条件也是劳动力再生产的重要条件。基础实施政策的出台为各创新主体进行创新活动提供了良好的政策环境基础，为创新资源的流动和创新信息的沟通、共享提供了良好保障。总体而言，基础设施政策对区域绿色创新效率的影响主要体现在以下两个方面：首先，政策将创新活动所需的资源通过基础设施平台进行了整合与完善，为各创新主体的创新活动提供了完善又先进的硬件设施，进而提高区域创新的综合效率；其次，通过建设与完善基础设施为企业、高校及科研院所等创新主体实现技术创新提供必要的物质保障，进而提高区域创新的综合

效率。

总之，从以上回归结果可知：创新要素的投入与使用在很大程度上影响了区域绿色创新的效率，其中，人才政策和基础设施政策与区域绿色创新效率呈现明显的正向相关作用，人才和基础设施两类要素资源促进了地区绿色创新能力的提高；而在政府资金投入方面，由于可能存在对企业科技资金的挤出效应，从而阻碍了区域绿色创新效率。

表 6.8　模型 4 回归分析结果

Y	系数	标准差	z	p >	z|	置信区间	
X_4	12. 99513	3. 70081	3. 51	0. 00	5. 74168	20. 24859
lngdp	0. 1194633	0. 02691	4. 44	0. 00	0. 0667208	0. 1722059
edu	0. 3715876	0. 4480057	0. 83	0. 407	− 0. 5064875	1. 249663
lnfbi	− 0. 0403915	0. 0149107	− 2. 71	0. 007	− 0. 069616	− 0. 0111671
常数	− 0. 4305605	0. 1889971	− 2. 28	0. 023	− 0. 800988	− 0. 0601331

企业创新政策（X_4）通过各省区市 R&D 经费内部支出与地区生产总值之比表现。表 6.8 显示企业创新政策通过了 99% 水平下的显著性检验（p = 0. 00 < 0. 01），并且其系数值为正，表明企业用于试验与发展的 R&D 经费内部支出对地区绿色创新有显著的促进作用，促进企业技术引进与自主创新方面的资金投入有利于提升区域创新的效率，从而验证了 H4。正如前文所提到的，企业作为其中一个创新主体，政府为其制定创新政策，鼓励与促进其技术引进与自主创新，能够大大减少企业运营与发展所需的成本，从而有效激发企业的创新活力，提升自身的创新效率，最终提升区域创新效率。而在区域创新的三类主体中，企业是所有主体中最活跃的因素，企业发展有活力，则更有能力实现技术创新，并把成果迅速应用生成能够适应市场的产品。

表 6.9　模型 5 回归分析结果

Y	系数	标准差	z	p > | z|	置信区间	
X_5	− 0. 0017881	0. 0004286	− 4. 17	0	− 0. 0026281	− 0. 0009482
lngdp	0. 2097394	0. 0286855	7. 31	0	0. 1535168	0. 2659619
edu	2. 002061	0. 4237475	4. 72	0	1. 171532	2. 832591
lnfbi	− 0. 0427888	0. 0156457	− 2. 73	0. 006	− 0. 0734538	− 0. 0121238
常数	− 1. 265467	0. 1734568	− 7. 3	0	− 1. 605436	− 0. 9254975

科研机构管理政策（X_5）通过对科研机构数量实现。模型回归结果表明科研机构管理政策通过了 99% 水平下的显著性检验，并且其系数为负，但是从表 6.9 可以看到其系数值为 − 0.0017881，表明在一定程度上科研机构数量的增加会对区域绿色创新效率产生微弱的抑制效应，从而拒绝了 H5。而在以往的研究中结果显示科研机构管理政策能破除管理层面上的束缚，使高校等科研机构能自主地调动更多的资源来实现基础研究的创新以及技术成果的转化，从而提升创新主体之一的科研机构的创新效率，加快基础研究的进展与知识成果的有效产出，进而改善与提升区域创新的效率。因此，本书研究结果与之前研究结果不一致的原因可能有：一是变量选取不够准确，用科研机构数量的对数表示政府的科研机构管理政策缺乏实际意义；二是科研机构数量增多但是缺乏有序管理，使得知识产出、成果转化不够及时因而导致其对地区绿色创新效率表现出负向阻碍作用。

以上两类政策为创新主体政策，通过分析可以得知：企业作为最活跃的创新主体，创新成果的市场化主体对区域创新的效率产生了符合预期的显著正向影响，而科研管理政策却拒绝了假设，在统计意义上表现出了与区域创新效率呈弱负相关。

表 6.10　模型 6 回归分析结果

Y	系数	标准差	z	p >	z		置信区间	
X_6	0.4886365	0.1496795	3.26	0.001	0.1952701	0.782003
lngdp	0.0990413	0.0254645	3.89	0	0.0491317	0.1489509
edu	1.859583	0.4857655	3.83	0	0.9075006	2.811666
lnfbi	− 0.0363625	0.0134358	− 2.71	0.007	− 0.0626961	− 0.0100288
常数	− 0.8061739	0.0939813	− 8.58	0	− 0.9903739	− 0.6219739

　　作为连接两大创新主体的关联网络政策，本书选取了企业资金占 R&D 经费内部支出比重用以表征企业、科研机构结合程度、协调发展水平对区域绿色创新发展的影响。由于 p = 0.001 < 0.01 且系数为正，表示创新网络政策对区域绿色创新效率的提高达到了 1% 的显著正向促进效应。也就是说，产学研结合使得科研机构能够通过基础研究实现创新价值链中的知识创新，然后给予企业技术创新所需要的理论支持，从而实现完整的创新过程，达到创新成果投入市场应用于整个地区的绿色发展中，在本书中就表现出对绿色创新效率提升的推动作用。

表 6.11　模型 7 回归分析结果

Y	系数	标准差	z	p >	z		置信区间	
X_7	0.0263755	0.0270382	0.98	0.329	− 0.0266183	0.0793694
lngdp	0.1605356	0.0225509	7.12	0	0.1163366	0.2047346
edu	1.20971	0.5449121	2.22	0.026	0.141702	2.277718
lnfbi	− 0.046516	0.0173603	− 2.68	0.007	− 0.0805415	− 0.0124904
常数	− 0.759438	0.1232553	− 6.16	0	− 1.001014	− 0.5178619

　　用环境治理投资额占 GDP 的比重来表示创新环境政策（X_7），从表 6.11 中可以看出，创新环境政策并未通过显著性检

验。但是系数为正，也就是说尽管政府对环境的治理投资并未对区域绿色创新行为产生显著的促进作用，但是方向一致仍能够表明治理环境能够促进地区的绿色发展。

表6.12 模型8回归分析结果

Y	系数	标准差	z	p > |z|	置信区间	
X_8	1.103552	0.3727596	2.96	0.003	0.3729564	1.834147
$\ln gdp$	0.1387987	0.0432607	3.21	0.001	0.0540093	0.2235881
edu	0.9125541	0.4381043	2.08	0.037	0.0538855	1.771223
$\ln fbi$	−0.0305798	0.0235977	−1.3	0.195	−0.0768306	0.0156709
常数	−1.181907	0.3152737	−3.75	0	−1.799832	−0.5639817

产业创新政策（X_8）通过了99%的显著性检验，对绿色创新效率的提升表现出极为显著的正向推动作用。产业创新的行业表现为产业的结构转型升级，而"转型"核心是指转变经济发展模式的"类型"，即把高投入、高消耗、高污染、低产出、低质量、低效益转为低投入、低消耗、低污染、高产出、高质量、高效益，把粗放型经济增长方式转为集约型高质量发展，而不是单纯的转行业。转行业与转型之间没有必然联系，转了行业未必就能转型，要转型未必就要转行业。同样，产业结构转型升级中的"升级"也包括两个方面，既包括产业之间的升级，如在整个产业结构中由第一产业占优势比重逐级向第二、第三产业占优势比重演进；也包括产业内的升级，即某一产业内部的加工和再加工程度逐步向纵深化发展，实现技术集约化，不断提高生产效率。只有正确理解产业结构转型升级的这些内涵，才能在实践中避免出现偏差。政府制定的产业政策具有明显的导向性，若扶植的产业在技术上存在难以突破的瓶颈，或最终不适应市场需求，都会

使产业政策无效化，使得创新投入无法得到相应的产出，反而降低了区域创新的效率。

（四）结果与分析

回归结果显示，人才政策、基础设施政策、企业创新政策、创新网络政策、产业创新政策都与区域创新效率显著正相关，而财政政策、科研机构管理政策与区域创新效率负相关。这些变量显著影响了区域创新的综合效率；而创新环境政策与区域创新综合效率的关系并不显著。下面对每个变量进行逐一总结：

1. 人才政策

人才政策对区域绿色创新效率具有显著正相关性，并且其系数值为正。这就表明完善的人才政策有利于地区绿色创新效率的提升，同时验证了 H1，这与以往文献研究得到的结果一致。

2. 财政政策

绿色创新效率与财政政策呈现出显著相关性，且 $p = 0.006 < 0.1$ 即财政政策对区域绿色创新效率达到了 1% 水平的显著水平，但是回归系数为负数，表明财政政策与区域绿色创新效率在统计学意义上具有负相关性，H2 不成立。

3. 基础设施政策

基础设施政策通过了 90% 水平下的显著性检验（$p = 0.072 < 0.1$），并且其系数值为正，表明政府越重视创新基础设施的建设与升级改造，制定的相关基础设施政策越完善，其区域绿色创新的效率就会越高，验证了 H3。

4. 企业创新政策

企业创新政策通过了 99% 水平下的显著性检验（$p = 0.00 < 0.01$），并且其系数值为正，表明企业用于试验与发展的 R&D 经

费内部支出对地区绿色创新有显著的促进作用，促进企业技术引进与自主创新方面的资金投入有利于提升区域创新的效率，从而验证了 H4。

5. 科研机构管理政策

科研机构管理政策通过了 99% 水平下的显著性检验，但其系数为 -0.0017881，表明在一定程度上科研机构数量的增加会对区域绿色创新效率产生微弱的抑制效应，从而拒绝了 H5。

6. 创新网络政策

创新网络政策的结果显示 p = 0.001 < 0.01 且系数为正，表示创新网络政策对区域绿色创新效率的提高达到了 1% 的显著正向促进效应，H6 成立。

7. 创新环境政策

创新环境政策并未通过显著性检验，但是系数为正。也就是说政府对环境的治理投资无显著的促进作用，但是方向一致仍能够促进地区的绿色发展，H7 不成立。

8. 产业创新政策

产业创新政策通过了 99% 的显著性检验，对绿色创新效率的提升表现出极为显著的正向推动作用。产业结构的转型升级通过把粗放型经济增长方式转为集约型高质量发展、在整个产业结构中由第一产业占优势比重逐级向第二、第三产业占优势比重演进、某一产业内部的加工和再加工程度逐步向纵深化发展对区域绿色创新起到推动作用，H8 成立。

六、典型创新型国家创新政策实践及经验借鉴

（一）典型创新型国家创新政策实践

1. 美国创新政策实践

2015 年 10 月，美国国家经济委员会与白宫科技政策办公室发布最新版《美国国家创新战略》（以下简称《创新战略》），文件指出美国长期以来都是创新者的国度，创新是一个国家经济增长的源泉。美国创新战略共包含了六个部分，其中包括三大创新要素和三大战略举措。三大创新要素指的是投资创新生态环境基础要素、推动私营部门创新以及打造创新国家，三大战略举措为创造高质量就业岗位和持续经济增长、推动国家优先领域突破和建设创新型政府。本节通过以上创新政策体系的应用去分析和梳理《创新战略》中针对具体部署不同维度起作用的创新政策，进一步描述现阶段美国创新政策体系的全貌。

（1）创新要素政策。美国人才政策的目标为：培养精通于科学、技术、工程和数学（以下简称 STEM）的教师和毕业生，加强女性等少数群体在 STEM 领域的参与度，将 STEM 教育与整体的教育改革战略相结合，提升整个国家劳动力 STEM 领域的能力和水平；加强创业与技术培训，为创新创业发展人力资本。为实现人才政策的人才培养目标所使用的工具，美国制定了《STEM 教育五年战略规划》，实施"教师质量伙伴关系津贴"项目；实

施"力争上游"项目；实施《劳动力创新和机会法》，加强创新创业培训的投入资源；实施"技术雇佣计划"，通过多种途径的在线课程为那些想要获得高薪的技术类工作的民众提供专门的培训。

研发经费投入政策的主要目标为：支持关键核心技术的进步，推动战略性新兴产业的转型升级。同样地，为了实现科技投入政策采取的措施有：2016年通过的《财政预算案》就对用于创新的预算进行规划。例如，投资3.25亿美元用于高级研究计划局的能源项目计划；投资1.25亿美元帮助社区实行新一代竞争性专业计划；投资2.15亿美元用于"精准医疗计划"。

基础设施政策的目标主要包括：①建立和完善美国社区基础设施的建设；②运用现阶段的科学技术不断推动美国各项基础设施的智能化；③规范和现代化社区基础设施项目的许可和审查程序；④释放无线宽带的潜力，普及偏远农村地区的宽带使用率；⑤为高校、科研院所等研究型场所提供优质的软件设施；⑥实施《复兴法案》，改革频谱，改善美国无线网络设施建设，并发布"全国无线网络方案"；⑦"农村公用事业服务"的出现为包括偏远地区的农村地区的宽带建设提供了大量的资金支持；⑧通过第二阶段的"连接美国基金"向电信运营商提供用于高速网络建设的项目资金；⑨除资金支持外，美国就此目标还启动了"宽带美国"计划，通过提供技术来帮助支持社区宽带项目的运行；⑩资金、技术问题解决后，合理的组织监督实施也同样不可或缺；⑪对"E级计划"进行现代化改造，以提供足够资金增加学校和图书馆的高速宽带接入的机会；⑫在学校等科研机构的软件设施构建方面实行了"需求拉动"机制；⑬实施"互联互通计划"，通过为社区住房单元的居民提供宽带接入、技术培训、数字扫盲项目和设备等以实现互联互通；⑭启动"开放数据"项目，增加大众对某些政府数据的可获得性。

（2）创新主体政策。就美国而言，其创新主体的政策目标主要在于企业，主要在促进科技企业的创立与发展。主要目标为：提高美国初创企业数量与创新活力、简化创业手续、为处于创业早期的企业提供更多资金支持。为达到目标，美国所实施的创新政策工具主要有：第一，启动"美国创业计划"。第二，设置"IPO 进入阶段"，通过逐步引入政策监管以降低企业的上市门槛。第三，有关微小企业的融资途径及资金支持，美国首先实行"A + 管制"来帮助规模较小的企业获得更多的融资机会以发展壮大规模，并在资助私营"小企业投资公司"基金的同时简化进入新市场投资的税收减免程序；其次，通过《小企业就业法案》中"州小企业信贷计划"的实施来资助美国各州小企业的信贷计划项目；建立小企业融资在线互动平台"SBA One"，简化融资申请流程。此外，通过诸如"一天创业"解决方案比赛，为获胜各地区提供项目启动资金；将"影响力投资基金"作为"小型企业投资公司"计划的永久项目，并对二者进行更新，继续增加管理资本。

（3）创新网络政策。美国创新网络政策的主要目标为：促进科技成果的转移和转化；促进区域互联互通和人才流动。为达到这些目标所使用的创新政策工具包括：①实施"从实验室到市场"计划，字面意思就是从理论研究到技术成果转化，提高理论成果的市场效益；②实施"国家清洁能源孵化器计划"；③投资并实施跨国实验室试点项目，同时为那些具有如清洁能源技术这种发展前途的微小型企业提供可用于兑换国家实验室技术援助的创新券；④发布"乳腺癌创新挑战"并建立加速器，为国家卫生研究院癌症研究所或雅芳基金会所资助的大学实验室开发的10项未获授权的乳腺癌发明制定商业计划并创立能够实施计划的公司实体；⑤向"创新第一军团"计划提供充足的资金支持，为参与该计划的研究人员及团队提供应有的保障，同时为吸引更多人才奠定财力基础；⑥开展小型商业创新研究和商业技术转移两大块项目，从而推动更加有效的技术成果商业化；⑦创建一个完整且完善的技术转移流程，即明晰技术从实验室到市场的转化过程；⑧加大对创新型交通系统的支持。

（4）产业创新政策。现阶段美国产业创新政策强调扶持关键技术，发展战略产业。主要目标为：不断强化美国的先进制造业，帮扶普通制造业，确保企业拥有一条完整且可靠的供应链；大力支持纳米、材料、智能机器人、大数据、信息物理系统、生物系统、能源等未来潜力产业的发展；推进清洁能源、太空开拓、降低婴儿死亡率、疾病防治、政府治理、无人驾驶、个人医疗、脑科学、公民健康、智慧城市、教育技术、计算机、改善贫困等国家级关键技术攻关。为达到上述目标所使用的创新政策工具包括：①建立全国制造创新网络，聚集企业、联邦机构和高校等共同开发关键的先进制造业技术、帮助企业开发和运用技术并培养高技能的制造业劳动力队伍。②通过"白宫供应链创新计划"向美国3万多家中小型制造商提供运用技术与将创新推向市场的工具。③呼吁启动"制造业规模化投资基金"，以帮助新兴的美国先进制造技术达到商业生产规模，使美国的发明得以在美国制造。④增加对美国货运网络的投资，如实施"国家纳米技术计划"、"材料基因组计划"、"国家机器人计划"以及"大数据研发计划"，并投资建立各类信息物理系统以及推动能源转化技术发展的相关项目；实施"阳光大挑战"计划、"小行星大挑战"计划、"大挑战学者计划"以及多项涉及降低婴儿死亡率、抗击埃博拉病毒以及改善政府绩效和问责制等方面的计划；启动并投资"精准医疗计划"、"大脑计划"、"智慧城市计划"、"互联教育计划"以及"国家战略计算机应用计划"，投资建立医疗保险和补助创新中心和国际开发署全球发展实验室，投资商业太空飞行项目、自动驾驶汽车技术研究并为公共道路上联网的自动驾驶汽车制定性能和安全标准。

2. 德国创新政策实践

（1）创新要素政策。德国创新要素政策目标主要在于科技人才的培养与流动、科技投入制度的完善以及知识的开放与流通。德国创新人才政策的主要目标为：首先也是最基础的一项：为全体国民提供基础教育机会、培训与再培训的机会，激活和保障就业；完善人才交流与移民制度，保证研发技术人才的持续供应。为了实现人才政策目标德国实施和选择的政策工具主要包括：①在基础教育方面，通过修正《联邦教育和培训援助法案》以加大对教育的资助；②在培训与再教育方面，将"德国职业培训和技能人力开发国家协定"发展成"培训与进修联盟"，进而改善结业和培训的质量，提高职业培训的兼容性并加强人员进修的参与度；③为激活、保障就业开展"就业起步升级"计划，通过计划的实施不仅有助于德国中小企业吸引人才加入，还能为大学辍学生提供培训课程以增加其对知识的汲取，提高个人综合素质；④对于人才交流与移民制度的完善，德国设立了 KF – cherung 技术中心，帮助中小企业寻找专业的技术人才并向企业提供吸引人才的实用技巧。

此外，这些政策工具除对国内企业有益外，还在网上增加了"制造在德国"和"研究在德国"的门户转站，向全球技术人才提供在德生活和工作的信息，给他们足够的安全吸引其放心赴德发展。

在科技投入政策方面，其主要目标包括：加强创新主体的创新导向采购，完善财政拨款制度，确保科技投入达到预期效果。目标实现采用的具体的创新政策工具主要有：①鼓励各地区主动生产、选择创新产品和提供新型服务，加强相关产业及与其合作的学校和科研机构的创新绩效，同时也为更广泛、更有深度的创新活动提供基础。②推进、扩大"创新采购能力中心"的一系列采购工作，并展开前商业化采购政策；将促进创新考虑到修订《欧盟采购法规》的过程中。③改善拨款制度，将小型融资举措整合为较大型的融资措施，或合并为部门拨款方案。④定期对科技投入方式和科技投入的效率进行影响因素分析、监测和系统评估，并在期末向公众做科技投入的合理性与高效性评估报告。

在基础设施政策方面，德国以完善公共资金出版物的开放阅览条件与体系架构，推进网络化和数字化，促进知识流通与数据开放为目标。首先基于互联网和数字技术这个大的网络化背景，制定全面的开放阅览战略；构建和扩展全覆盖的高效网络；成立信息基础设施管理会理事会。

（2）创新网络政策。德国创新网络政策的主要目标为：拓展高校与产业、社会部门的合作机会，扫除商业化障碍；将中小企业整合进入关键主题和关键技术的研究和创新网络中，加强科技创新潜力。

（3）创新主体政策。鼓励创新型企业发展，加强创新型中小企业的竞争力，促进科技型创业是德国创新政策的主要目标。为达到上述目标采取的具体措施包括：①实施"KMU－创新"计划，资助一些拥有特定研究优势的中小型企业进行尖端研究，尤其是高风险项目的研究；②实施"中小型企业数码化"计划，推动更广范围的中小型企业更便捷地运用电子科技技术；③实施"走向创新"计划，鼓励中小型企业改善传统管理模式，进行创新管理，提高资源配置和利用效率；④实施"欧洲之星"计划，为中小企业提供充足的资金支持；⑤举办"IKT创新"大赛并提供专家网络咨询帮助。德国高校创新政策的主要目标为：支持高校团队进行技术型创业。具体措施为：实施（不限于技术领域的）"EXIST－倡导源自高校的创业"项目，资助高校内拥有领先技术的初创团队并支持大学和研究机构发展创业文化。

（4）产业创新政策。现阶段德国产业技术政策强调以关键技术的进步支持产业发展，同时推动人们生活质量的提升。在数字经济和社会方面，发展工业4.0、智慧服务、智慧数据、云计算、数字生活环境技术等；在可持续经济与能源方面，发展能源搜索、绿色经济、生物经济、可持续农业生产、原材料供应、未来城市及建筑、可持续消费技术。在健康生活方面，发展重疾防治、个体化药物、预防和营养、护理创新、强化。

（二）主要经验借鉴

在国家实施创新驱动发展战略的背景下，创新发展就已经成为创新型国家建设的首要的发展理念，从地区来说，政府作为政策实施者对各地社会活动与行为进行宏观调控，政府利用创新政策这一重要的调控手段去鼓励支持区域的技术研发与创新，而区域创新与绿色效率的提升显然能够同时成为促进区域经济发展的重要推动力。

绿色创新是区域绿色发展的动力所在，不同地区具有绿色创新及绿色发展效率的差异性。根据区域发展的现有情况，借鉴国外典型绿色发展的经验，发挥地区独特的发展优势，因地制宜地实施合理有效的发展规划。在完善与优化创新要素投入结构、进一步激发推动创新主体的活力、加强创新主体与创新要素之间的关联、营造与改善创新环境四个方面的政策建议如下：

1. 完善与优化创新要素投入结构

通过研究分析，整体上创新要素政策对促进区域绿色创新效率有正向影响，在区域的整个创新活动过程中，最传统也是最基础的科技人才、经费投入与基础设施这三类要素不可或缺。完善与优化这些基础要素的投入结构有利于进一步促进区域效率的提升，推动区域经济发展水平的提升。

分别来看，在人才要素方面，创新型科技人才一直是实现技术创新与攻坚克难的关键，而人才要素结构的完善与优化要通过政策的引导，政府的人才政策会直接影响本区域对创新人才的吸引力，各地区要根据地区优势，因地制宜地加强对创新人才的引进、培养、激励、保障等一系列的政策举措。在人才引进方面，拓宽与增加人才引入渠道，积极与国内外高校进行长期交流合作，以形成长期有效的人才引进机制。在人才培养方面，各地区要加大对创新型人才的专业培养力度，有规划地邀请领域专家对人才进行有针对性的培训，提升其理论及实践水平，促使其真正能够做到理论与实践相结合。在人才的激励与保障方面，不仅为人才在薪资、社保、医保等方面提供全方位的保障，同时根据各省的具体情况对住房与交通实施相应的补贴机制，特别是对于为技术创新或基础研究做出重大贡献的人才应给予物质与精神双层面的奖励，并形成一个鼓励人才创新的长效机制，最终在区域内营造尊重人才、尊重创新的和谐氛围。

在资金要素方面，需要优化资金的投入结构，提升资金的使用效率，绝不能盲目增加资金投入。就优化资金投入结构而言，应该合理分配在技术研发与成果转化方面所需资金的比例，确保基础的研发投入能够转化为社会性产出，进而促进区域的整体绿色创新效率；在提升政府资金的使用效率上，要加强预算管理，减少无效支出。

在基础设施要素方面，基础设施是创新活动的保障，应加强基础设施平台的建设，用于资源整合与信息的共享，为区域创新提供良好的硬件设置。

2. 进一步激发创新主体的活力

在创新价值链中，企业与高校等科研机构是创新的主体，其知识创新效率与成果转化能力直接影响了区域创新的效率。政府利用政策手段进一步激发其创新的活力与效力，能促进区域创新和绿色效率的提升。

在促进企业创新活力方面，政府要为那些新型企业在区域内进行技术投入与技术研发提供政策便利，为老旧企业的转型升级提供政策便利。因此，第一，降低企业技术进入的门槛，简化技术引入的行政审批流程，减少制约企业在技术引进方面的阻碍和束缚，积极推动企业进行技术的引入与消化吸收，提升企业自身的创新效率与绿色化能力；第二，鼓励企业进行自主研发，同时为企业自主研发制定一系列优惠政策，优先扶持具有自主创新能力的创新型企业，降税减费，最大程度地降低创新型企业的运营成本，最大限度地激发企业创新的活力；第三，树立创新型企业模范，引导其他企业的升级改造与技术借鉴，从而提升区域所有企业大的绿色创新效率。

在促进科研机构研发活力方面，主要是要破除制约高校等科研机构进行基础研究创新与应用创新的体制机制障碍。第一，扩大高校等科研机构的自主权，如在研发经费的使用与分配、技术路线的方向等各方面给予科研机构更大的自主权，便于科研机构按照自身的实际情况灵活地进行创新目标与过程的决策，以及各类创新资源的合理配置。第二，对高校等科研机构进行类别划分，明确不同类型科研机构的功能定位，加强产学研合作，具体就是：对于基础研究型的科研机构要注重加强原始创新与自主创新；对于应用研究型的科研机构要注重对技术创新成果的市场化应用，还要加强各创新主体之间的联系，形成基础理论研究到应用技术研发再到成果的市场化应用的全流程沟通式的开放创新，使科研机构的创新活动能够产生实际经济、社会、环境效益。

3. 加强创新主体与创新要素之间的关联

实证结果表明，创新网络政策也能显著地促进各区域绿色创新效率的提升，产学研结合使得科研机构能够通过基础研究实现创新价值链中的知识创新，然后给予企业技术创新所需要的理论支持，从而实现整个完整的创新过程，达到创新成果投入市场应用于整个地区的绿色发展之中。除主体间的互联互通外，促进要素与要素、主体与要素间的关联也是至关重要的环节，破除体制机制上的制约因素，从而促进区域绿色创新效率的提升。

在加强要素间的关联方面，要利用政策促进理论成果及时转化为技术创新成果然后快速转化为具有实际的现实生产力或社会新产品。那么我们就要做到：一是从法律层面确定对科技创新成果的转化，确保政策实施的法律效应与实施力度；二是加强对科技成果转化的激励，为科技成果转化建立激励机制，奖励对成果转化有贡献的科研人员；三是加强主体间合作，促进科研机构服务企业，与企业合作完成技术成果转化。在加强主体与要素的关联方面，要加强金融政策对创新创业的支持。要为企业融资进行渠道的拓宽与完善，以加大企业融资的便利性与灵活性；鼓励社会的创新投资，利用基金等融资机构引导社会资本去支持创新型企业的创新活动。

4. 营造与改善创新环境

在区域创新过程中，环境作为创新重要的外部影响因素，能够在很大程度上影响各区域高校、科研机构、企业等创新主体的创新活力，进而影响区域创新效率。政府应因地制宜地制定各区域个性化的环境规制政策，灵活运用具体的政策工具加大源头政策目标的执行力度。合理的环境规制政策不仅不会增加企业的经营负担，反而对于激发企业的潜能有巨大的意义，使企业更好地挖掘自身的创新潜力。

参考文献

[1] Autio E, Yli – Renko H. New, technology – based firms in small open economies – An analysis based on the Finnish experience [J]. Research Policy, 1998, 26 (9): 973 –987.

[2] Beise M, Rennings K. Lead markets and regulation. A framework for analyzing the international diffusion of environmental in-novations [J]. Ecological Economics, 2005, 52 (1): 5 –11.

[3] Bryant K. Promoting innovation: An overview of the applica-tion of evolutionary economics and systems approaches to policy issues [J]. Frontiers of Evolutionary Economics, 2001 (7): 361 –383.

[4] Bulent S A, S. Y. A. B. Effects of green manufacturing and eco – innovation on sustainability performance [J]. Procedia – Social and Behavioral Sciences, 2013, 99 (6): 154 –163.

[5] Cooke P N, Heidenreich M, Braczyk H J. Regional innova-tion systems: The Role of Governances in a Globalized World [J]. European Urban & Regional Studies, 1998, 6 (2): 187 –188.

[6] Cuan Jic, Zuo K. A cross – country comparison of innovation efficiency [J]. Scientometrics, 2014, 100 (2): 541 –575.

[7] Cumming B S. Innovation overview and future challenges

[J]. European Journal of Innovation Management, 1998 (1): 21 -29.

[8] Demirel P, Kesidou E. Stimulating different types of eco – innovation in the UK: Government policies and firm motivations [J]. Ecological Economics, 2011, 70 (8): 1546 – 1557.

[9] Dodgson M, Bessant J. Effective innovation policy: A new approach [J]. Long Range Planning, 1996, 30 (1): 143.

[10] Eiadat Y, Kelly A, Roche F, et al. Green and competitive? An empirical test of the mediating role of environmental innovation strategy [J]. Journal of World Business, 2008, 43 (2): 131 – 145.

[11] Eitan M, Renana P. The effect of social networks structure on innovation performance: Areview and directions for research [J]. International Journal of Research in Marketing, 2019 (3): 3 – 19.

[12] Ergas H. Does technology policy matter? [M]. Centre for European Studies: Brussels, 1986.

[13] Farrell M J. The Measurement of productive efficiency [J]. Journal of the Royal Statistical Society, 1957, 120 (3): 253 – 290.

[14] Freeman C. Japan: A new national system of innovation? in technical change and economic theory [C]. Londn : Pinter Publishers, 1988: 330 – 348.

[15] Fuentescd G D NIT. Bestchannelsofacademia – industryinteractionforlong – termbenefit [J]. Research Policy, 2012, 41 (9): 1666 – 1682.

[16] Horbach J. Determinants of environmental innovation—New evidence from German panel data sources [J]. Research Poli-

cy, 2006, 37 (1): 163 - 173.

[17] Johnson B, Edquist C, Lundvall B - Å. Economic development and the national system of innovation approach [C]. Rio de Janeiro: First Globelics Conference, 2003.

[18] Korhonen Cherchye, Anges D. An option model for R&D valuation [J]. International Journal of Technology Management, 2002 (24): 44 - 56.

[19] Kortelainen M. Dynamic environmental performance analysis: A Malmquist index approach [J]. Ecological Economics, 2008, 64 (4): 701 - 715.

[20] Lee H, Park Y. An international comparison of R&D efficiency: DEA approach: Asian Journal of Technology Innovation [J]. Asian Journal of Technology Innovation, 2005, 13 (2).

[21] Libecap G D. Economic variables and the development of the law: The case of western mineral rights [J]. Journal of Economic History, 1978, 38 (2): 338 - 362.

[22] Lundvall A, Borrás S. Science, technology, and innovation policy [M]. Oxford University Press, 2009.

[23] Lundvall B, Christensen J L. Extending and deepening the analysis of innovation systems - with empirical illustrations from the DISCO - project [C]. International Conference on E - Product E - Service and E - Entertainment. IEEE, 1999: 1 - 4.

[24] McAfee K. Green economy and carbon markets for conservation and development: A critical view [J]. International Environmental Agreements: Politics, Law and Economics, 2016, 16 (3): 333 - 353.

［25］ Monastyrenko E. Eco – efficiency outcomes of mergers and acquisitions in European electricity industry ［J］ . Energy Policy, 2017 (107): 258 –277.

［26］ Moutinho V, Madaleno M, Robaina M. The economic and environmental efficiency assessment in EU cross – country: Evidence from DEA and quantile regression approach ［J］ . Ecological Indicators, 2017 (78): 85 –97.

［27］ OECD. OSLO Manual: Guidelines for Collecting and Interpreting Innovation Data ［R］ .2005.

［28］ Olson E L. Perspective: The green innovation value Chain: A tool for evaluating the diffusion prospects of green products ［J］ . Journal of Product Innovation Management, 2013, 30 (4) : 782 – 793.

［29］ Oltra V, Jean M S. Sectoral systems of environmental innovation: An application to the French automotive industry ［J］ . Technological Forecasting & Social Change, 2009, 76 (4): 567 –583.

［30］ Pappas R A, Remer D S. Measuring R&D Productivity ［J］ . Research Management, 1985, 28 (3): 15 –22.

［31］ Pearce D, Markandya A, Barbier E. Blueprint 1: For a green economy ［M］ . London: Routledge, 1989.

［32］ Ramanathan R. A multi – factor efficiency perspective to the relationships among world GDP, energy consumption and carbon dioxide emissions ［J］ . Technological Forecasting and Social Change, 2006, 73 (5): 483 –494.

［33］ Rothwell R, Zegveld W. Reindustrialization and technology ［M］ . Harlow: Longman, 1985.

［34］Rothwell R. Public innovation policy：To have or to have Not?［J］. R & D Management，1986，16（1）：25 – 36.

［35］Ruegg R，Jordan G B. Overview of evaluation methods for R&D programs［J］. A Directory of Evaluation Methods Relevant to Technology Development Programs，2007（1）.

［36］UNEP. Green economy：Developing countries success stories［EB/OL］. 2016 – 08 – 12. http：//www. unep. org/pdf/green economy success stories. pdf.

［37］Wanger M. Empirical influence of environmental management on innovation：Evidence from Europe［J］. Ecological Economics，2008，66（2 – 3）：392 – 402.

［38］Yang Q，Wan X，Ma H. Assessing green development efficiency of municipalities and provinces in China Integrating Models of Super – Efficiency DEA and Malmquist Index［J］. Sustainability，2015，7（4）：4492 – 4510.

［39］Michael E Porter. 国家竞争优势［M］. 北京：华夏出版社，2002：98 – 108.

［40］庇古. 福利经济学［J］. 社会福利（理论版），2015（6）：2.

［41］蔡晓慧，茹玉骢. 地方政府基础设施投资会抑制企业技术创新吗？——基于中国制造业企业数据的经验研究［J］. 管理世界，2016（11）：32 – 52.

［42］车磊，白永平，周亮，汪凡，纪学朋，乔富伟. 中国绿色发展效率的空间特征及溢出分析［J］. 地理科学，2018，38（11）：1788 – 1798.

［43］陈佳. 创新政策的理论前沿与发展趋势［J］. 人民论

坛·学术前沿，2016（19）：92 - 95.

　　[44] 陈诗一. 中国的绿色工业革命：基于环境全要素生产率视角的解释（1980 - 2008）[J]. 经济研究，2010，45（11）：21 - 34 + 58.

　　[45] 陈瑶. 中国区域工业绿色发展效率评估——基于 R&D 投入视角 [J]. 经济问题，2018（12）：77 - 83.

　　[46] 仇定三，张敏，蒋倩颖. 长江经济带工业绿色创新效率研究 [J]. 黑龙江工业学院学报（综合版），2018，18（10）：66 - 72.

　　[47] 单豪杰. 中国资本存量 K 的再估算：1952 ~ 2006 年 [J]. 数量经济技术经济研究，2008，25（10）：17 - 31.

　　[48] 高红贵，赵路. 长江经济带产业绿色发展水平测度及空间差异分析 [J]. 科技进步与对策，2019，36（12）：46 - 53.

　　[49] 葛世帅，曾刚，胡浩，曹贤忠. 长三角城市群绿色创新能力评价及空间特征 [J]. 长江流域资源与环境，2021，30（1）：1 - 10.

　　[50] 顾乃华. 生产性服务业对工业获利能力的影响和渠道——基于城市面板数据和 SFA 模型的实证研究 [J]. 中国工业经济，2010（5）：48 - 58.

　　[51] 郭付友，侯爱玲，佟连军，马振秀. 振兴以来东北限制开发区绿色发展水平时空分异与影响因素 [J]. 经济地理，2018，38（8）：58 - 66.

　　[52] 郭炬，叶阿忠，陈泓. 是财政补贴还是税收优惠？——政府政策对技术创新的影响 [J]. 科技管理研究，2015，35（17）：25 - 31，46.

　　[53] 何爱平，安梦天. 地方政府竞争、环境规制与绿色发

展效率 ［J］. 中国人口·资源与环境, 2019, 29 (3): 21 - 30.

［54］何爱平, 安梦天. 习近平新时代中国特色社会主义绿色发展思想的科学内涵与理论创新 ［J］. 西北大学学报 (哲学社会科学版), 2018, 48 (5): 84 - 93.

［55］贺德方, 唐玉立, 周华东. 科技创新政策体系构建及实践 ［J］. 科学学研究, 2019, 37 (1): 3 - 10, 44.

［56］胡鞍钢, 周绍杰. 绿色发展: 功能界定、机制分析与发展战略 ［J］. 中国人口·资源与环境, 2014, 24 (1): 14 - 20.

［57］华坚, 王育芳, 黄媛媛. 政用产学研协同创新对绿色发展水平的影响——以长江经济带为例 ［J/OL］. 资源与产业, 2003: 1 - 13 ［0 - 03 - 14］.

［58］黄萃, 任弢, 李江, 赵培强, 苏竣. 责任与利益: 基于政策文献量化分析的中国科技创新政策府际合作关系演进研究 ［J］. 管理世界, 2015 (12): 68 - 81.

［59］黄建欢, 吕海龙, 王良健. 金融发展影响区域绿色发展的机理——基于生态效率和空间计量的研究 ［J］. 地理研究, 2014, 33 (3): 532 - 545.

［60］季丹. 中国区域生态效率评价——基于生态足迹方法 ［J］. 当代经济管理, 2013, 35 (2): 57 - 62.

［61］江永宏, 孙凤娥. 中国 R&D 资本存量测算: 1952 ~ 2014 年 ［J］. 数量经济技术经济研究, 2016, 33 (7): 112 - 129.

［62］李柏洲, 周森. 科研院所创新行为与区域创新绩效间关系研究 ［J］. 科学学与科学技术管理, 2015, 36 (1): 75 - 87.

［63］李斌, 曹万林. 环境规制对我国循环经济绩效的影响研究——基于生态创新的视角 ［J］. 中国软科学, 2017 (6):

140 - 154.

[64] 李光泗, 沈坤荣. 中国技术引进、自主研发与创新绩效研究 [J]. 财经研究, 2011, 37 (11): 39 - 49.

[65] 李玲, 陶厚永. 包容性创新环境对区域创新绩效的影响 [J]. 科技进步与对策, 2018, 35 (19): 31 - 37.

[66] 李苗苗, 肖洪钧, 傅吉新. 财政政策、企业 R&D 投入与技术创新能力——基于战略性新兴产业上市公司的实证研究 [J]. 管理评论, 2014, 26 (8): 135 - 144.

[67] 李青原, 肖泽华. 异质性环境规制工具与企业绿色创新激励——来自上市企业绿色专利的证据 [J]. 经济研究, 2020, 55 (9): 192 - 208.

[68] 李诗琪, 杨晨. 金融发展对绿色创新效率的影响研究 [J]. 江西师范大学学报 (哲学社会科学版), 2018, 51 (6): 84 - 92.

[69] 李婉红, 毕克新, 孙冰. 环境规制强度对污染密集行业绿色技术创新的影响研究——基于 2003 - 2010 年面板数据的实证检验 [J]. 研究与发展管理, 2013, 25 (6): 72 - 81.

[70] 李晓阳, 赵宏磊, 林恬竹. 中国工业的绿色创新效率 [J]. 首都经济贸易大学学报, 2018, 20 (3): 41 - 49.

[71] 李怡娜, 叶飞. 制度压力、绿色环保创新实践与企业绩效关系——基于新制度主义理论和生态现代化理论视角 [J]. 科学学研究, 2011, 29 (12): 1884 - 1894.

[72] 梁正. 从科技政策到科技与创新政策——创新驱动发展战略下的政策范式转型与思考 [J]. 科学学研究, 2017, 35 (2): 170 - 176.

[73] 廖文龙, 董新凯, 翁鸣, 陈晓毅. 市场型环境规制的

经济效应：碳排放交易、绿色创新与绿色经济增长［J］．中国软科学，2020（6）：159－173．

［74］林晓，徐伟，杨凡，赵林．东北老工业基地绿色经济效率的时空演变及影响机制——以辽宁省为例［J］．经济地理，2017，37（5）：125－132．

［75］刘焕鹏，严太华．我国高技术产业 R&D 能力、技术引进与创新绩效——基于省际动态面板数据模型的实证分析［J］．山西财经大学学报，2014，36（8）：42－49．

［76］刘习平，管可．湖北长江经济带绿色发展效率测度与评价［J］．统计与决策，2018，34（18）：103－106．

［77］刘轩．科技人才政策与创新绩效关系的实证研究——一个被中介的调节模型［J］．技术经济，2018，37（11）：65－71．

［78］刘杨，杨建梁，梁媛．中国城市群绿色发展效率评价及均衡特征［J］．经济地理，2019，39（2）：110－117．

［79］卢盛峰，刘潘．财政支出与区域创新质量——中国省级数据的实证分析［J］．宏观质量研究，2015，3（1）：93－101．

［80］马平川，杨多贵，雷莹莹．绿色发展进程的宏观判定——以上海市为例［J］．中国人口·资源与环境，2011，21（S2）：454－458．

［81］彭纪生，仲为国，孙文祥．政策测量、政策协同演变与经济绩效：基于创新政策的实证研究［J］．管理世界，2008（9）：25－36．

［82］乔志程，吴非，刘诗源．地方产业政策之于区域创新活动的影响——基于政府行为视角下的理论解读与经验证据［J］．现代财经（天津财经大学学报），2018，38（9）：3－17．

［83］曲格平．中国环境与发展［M］．北京：中国环境科

学出版社，1992.

[84] 全炯振．中国农业全要素生产率增长的实证分析：1978～2007 年基于随机前沿分析（SFA）方法 [J]．中国农村经济，2009（9）：36－47.

[85] 任耀，牛冲槐，牛彤，姚西龙．绿色创新效率的理论模型与实证研究 [J]．管理世界，2014（7）：176－177.

[86] 芮雪琴，李亚男，牛冲槐．科技人才聚集的区域演化对区域创新效率的影响 [J]．中国科技论坛，2015（12）：126－131.

[87] 施建军，张文红，杨静，孟源．绿色创新战略中的利益相关者管理——基于江苏紫荆花公司的案例研究 [J]．中国工业经济，2012（11）：123－134.

[88] 史丹，王俊杰．基于生态足迹的中国生态压力与生态效率测度与评价 [J]．中国工业经济，2016（5）：5－21.

[89] 苏利阳，郑红霞，王毅．中国省际工业绿色发展评估 [J]．中国人口·资源与环境，2013，23（8）：116－122.

[90] 苏屹，安晓丽，王心焕，雷家骕．人力资本投入对区域创新绩效的影响研究——基于知识产权保护制度门限回归 [J]．科学学研究，2017，35（5）：771－781.

[91] 隋俊，毕克新，杨朝均等．制造业绿色创新系统创新绩效影响因素——基于跨国公司技术转移视角的研究 [J]．科学学研究，2015，33（3）：440－448.

[92] 孙早，徐远华．信息基础设施建设能提高中国高技术产业的创新效率吗？——基于 2002～2013 年高技术 17 个细分行业面板数据的经验分析 [J]．南开经济研究，2018（2）：72－92.

[93] 滕堂伟，孙蓉，胡森林．长江经济带科技创新与绿色发展的耦合协调及其空间关联 [J]．长江流域资源与环境，

2019，28（11）：2574－2585.

［94］田晖，宋清．创新驱动能否促进智慧城市经济绿色发展——基于我国47个城市面板数据的实证分析［J］．科技进步与对策，2018，35（24）：12－18.

［95］田泽，魏翔宇，丁绪辉．中国区域产业绿色发展指数评价及影响因素分析［J］．生态经济，2018，34（11）：103－108.

［96］汪明月，李颖明．政府市场规制、产品消费选择和企业绿色技术创新［J］．管理工程学报，2021（2）：1－11.

［97］王帮俊，朱荣．产学研协同创新政策效力与政策效果评估——基于中国2006～2016年政策文本的量化分析［J］．软科学，2019（3）：30－35＋44.

［98］王兵，唐文狮，吴延瑞，张宁．城镇化提高中国绿色发展效率了吗？［J］．经济评论，2014（4）：38－49，107.

［99］王炳成，李洪伟，李晓青．绿色产品创新影响因素的实证研究［J］．工业技术经济，2008，27（12）：70－74.

［100］王玲玲，张艳国．"绿色发展"内涵探微［J］．社会主义研究，2012（5）：143－146.

［101］王晓珍，邹鸿辉．产业政策对风电企业创新绩效的作用机制分析——基于时滞和区域创新环境的考量［J］．研究与发展管理，2018，30（2）：33－45.

［102］魏琦，张斌，金书秦．中国农业绿色发展指数构建及区域比较研究［J］．农业经济问题，2018（11）：11－20.

［103］吴延兵．R&D存量、知识函数与生产效率［J］．经济学（季刊），2006（3）：1129－1156.

［104］肖黎明，李涧旭，肖沁霖，张润婕．中国区域绿色创新与绿色发展的协同及互动——基于耦合协调与PVAR模型的检

验〔J〕．科技管理研究，2019，39（20）：9－20.

〔105〕徐成龙，庄贵阳．供给侧改革驱动中国工业绿色发展的动力结构及时空效应〔J〕．地理科学，2018，38（6）：849－858.

〔106〕闫怡然，李和平，刘兆德．中国城市经济效率的时空分异及其影响因素研究〔J〕．城市发展研究，2017，24（9）：42－48.

〔107〕杨朝均，杨文珂，朱雁春．中国省际间对内开放对驱动工业绿色创新空间趋同的影响〔J〕．中国环境科学，2018，38（8）：3189－3200.

〔108〕杨志江，文超祥．中国绿色发展效率的评价与区域差异〔J〕．经济地理，2017，37（3）：10－18.

〔109〕于成学，葛仁东．资源开发利用对地区绿色发展的影响研究——以辽宁省为例〔J〕．中国人口·资源与环境，2015，25（6）：121－126.

〔110〕于树江，赵丽娇．京津冀装备制造业产业政策对技术创新绩效的影响研究——产业集聚的调节作用〔J〕．工业技术经济，2019，38（2）：36－43.

〔111〕俞海．中国"十二五"绿色发展路线图〔J〕．环境保护，2011（1）：10－13.

〔112〕喻金田，吴倩．武汉市自主创新政策实施效果评价〔J〕．科技创业月刊，2010，23（12）：122－124.

〔113〕约瑟夫·熊彼特．经济学发展理论〔M〕．北京：商务印书馆，1990.

〔114〕曾冰．我国省际绿色创新效率的影响因素及空间溢出效应〔J〕．当代经济管理，2018，40（12）：59－63.

〔115〕曾刚，陆琳忆，何金廖．生态创新对资源型城市产业

结构与工业绿色效率的影响［J］.资源科学，2021，43（1）：94－103.

［116］张冬洋.环境政策如何影响中国企业升级？——来自"两控区"政策的准自然实验［J］.产业经济研究，2020（5）：73－85.

［117］张峰，史志伟，宋晓娜，闫秀霞.先进制造业绿色技术创新效率及其环境规制门槛效应［J］.科技进步与对策，2019，36（12）：62－70.

［118］张莉侠，吕国庆，贾磊.技术引进、技术吸收能力与创新绩效——基于上海农业企业的实证分析［J］.农业技术经济，2018（9）：80－87.

［119］张永安，马昱.区域技术创新政策布局及量化评价［J］.统计与决策，2017（7）：54－57.

［120］张泽义，罗雪华.中国城市绿色发展效率测度［J］.城市问题，2019（2）：12－20.

［121］赵付民，邹珊刚.区域创新环境及对区域创新绩效的影响分析［J］.统计与决策，2005（7）：17－18.

［122］赵领娣，张磊，徐乐，胡明照.人力资本、产业结构调整与绿色发展效率的作用机制［J］.中国人口·资源与环境，2016，26（11）：106－114.

［123］赵峥，刘杨.丝绸之路经济带城市绿色经济增长效率及影响因素［J］.宏观质量研究，2016，4（4）：29－37.

［124］周景坤，段忠贤.区域创新环境与创新绩效的互动关系研究［J］.科技管理研究，2013，33（22）：9－13.

［125］周小琴.中部六省绿色发展效率及其影响因素研究［D］.湖北省社会科学院，2017.

［126］周新凯．渝东北县域经济绿色发展效率及影响因素研究［D］．重庆工商大学，2018.

［127］朱平芳，徐伟民．政府的科技激励政策对大中型工业企业 R&amp；D 投入及其专利产出的影响——上海市的实证研究［J］．经济研究，2003（6）：45－53，94.

［128］邹巍，廖小平．绿色发展概念认知的再认知——兼谈习近平的绿色发展思想［J］．湖南社会科学，2017（2）：115－123.

［129］邹再进．对区域创新系统内涵的再认识［J］．印度洋经济体研究，2006，21（3）：77－78.

后　记

　　党的十九大报告指出，我国经济正处于由高速增长转向高质量发展的关键阶段。推动绿色创新的发展模式既能促进经济的增长，又能大幅度减少资源和能源损耗，降低发展对环境造成的负面影响，故绿色创新发展是一条实现我国经济社会高质量发展的必由之路。

　　本书按照国务院发展中心的划分规则，将我国划分为八大综合经济区，分别是东北综合经济区、北部沿海综合经济区、东部沿海综合经济区、南部沿海综合经济区、黄河中游综合经济区、长江中游综合经济区、西南综合经济区和西北综合经济区，利用Super–SBM–Undesirable模型分析了我国各省份的绿色发展效率及其时空演变，利用莫兰指数（Moran's I）对我国的绿色创新效率的空间特征进行了分析。从科技创新与生态效率、区域创新与绿色发展等方面研究了区域绿色发展与绿色发展效率之间的关系，分析了区域创新政策对绿色发展和绿色发展效率的影响，并借鉴发达国家的创新政策，提出提高我国绿色创新效率的建议。

　　本书作者指导的研究生张静、欧阳欢蕤、王娟和莫寓琪为本书的完成做出了较大贡献，有些内容是在她们完成的学位论文的基础上改写而成的，其中张静同学对书中许多定量计算和主要章节做了大量的工作。

本书得到了教育部基地重大招标课题"基于协调视阈的中部绿色发展竞争力研究"（18JJD790006）、江西省高校人文社科研究青年基金项目"区域创新政策对区域科技创新效率的影响与评价"（GL19244）的资助，在此一并感谢。

2021 年 6 月 8 日